Der Kastrat Gaetano Majorano, der sich Caffarelli nannte, war seit seinem sensationellen Debüt als Sechzehnjähriger ein gefeierter Opernstar. Als sich sein fünf Jahre älterer ehemaliger Mitschüler Farinelli mit nur 32 Jahren von der Bühne zurückzog, war Caffarelli unbestritten der erste Sänger Europas.

Hasse, Händel, Pergolesi und Gluck haben für ihn komponiert, er hat Goldoni kennengelernt und den jungen Mozart.

Über keinen Sänger des 18. Jahrhunderts sind schon zu Lebzeiten so viele Anekdoten im Umlauf gewesen. Mögen sie auch nicht alle »wahr« sein, so zeigen sie doch das Bild, das sich seine Zeitgenossen von Caffarelli machten.

Auch was ihm und anderen in diesem Buch sonst an Gedanken, Gefühlen und Ansichten zugeschrieben wird, ist nicht frei erfunden, sondern gibt Vorstellungen und Empfindungen seiner Zeit wieder.

Hubert Ortkemper hat neben dem Standardwerk über die »Welt der Kastraten« *Engel wider Willen* die Bücher *Olympische Legenden* (it 1828) und *Führer durch das klassische Griechenland* (it 1930) veröffentlicht.

insel taschenbuch 2599
Ortkemper
Caffarelli

Hubert Ortkemper

Caffarelli

Das Leben des Kastraten
Gaetano Majorano,
genannt Caffarelli
Mit zeitgenössischen Abbildungen
Insel Verlag

insel taschenbuch 2599
Erste Auflage 2000
Originalausgabe
© Insel Verlag Frankfurt am Main und Leipzig 2000
Alle Rechte vorbehalten, insbesondere das der Übersetzung,
des öffentlichen Vortrags sowie der Übertragung
durch Rundfunk und Fernsehen, auch einzelner Teile.
Kein Teil des Werkes darf in irgendeiner Form
(durch Fotografie, Mikrofilm oder andere Verfahren)
ohne schriftliche Genehmigung des Verlages reproduziert
oder unter Verwendung elektronischer Systeme verarbeitet,
vervielfältigt oder verbreitet werden.
Vertrieb durch den Suhrkamp Taschenbuch Verlag
Umschlag nach Entwürfen von Willy Fleckhaus
Satz: Hümmer GmbH, Waldbüttelbrunn
Druck: Nomos Verlagsgesellschaft, Baden-Baden
Printed in Germany

1 2 3 4 5 6 – 05 04 03 02 01 00

Inhalt

Anhang

Epilog

Am 5. Februar 1783 gelangt die Nachricht nach Wien,
daß vor einer Woche Gaetano Majorano, der sich Caffarelli nannte, im Alter von 73 Jahren in Neapel gestorben
ist. Es ist zwar schon mehr als 30 Jahre her, daß der Kastrat für mehrere Monate der Star der Wiener Hofoper
war, aber man erinnert sich noch gut an ihn, hat er doch
als der größte Sänger seiner Zeit gegolten.

Ein junger Komponist, dessen deutsches Singspiel *Die
Entführung aus dem Serail* das derzeitige Erfolgsstück
am Wiener Opernhaus ist, hat gerade einen Brief an seinen Vater versiegelt, als er vom Tod des Sängers hört.
Neben die Anschrift »A Monsieur Leopold de Mozart,
maitre de la chapelle de S:A:R: l'archevêque de et à Salzburg« schreibt er die geheimnisvoll anmutenden Worte
»Gaetano Majorani (Caffarello) Amphion Theba / ego
Domum«. Es ist die Inschrift über der Tür von Caffarellis
Stadtpalais in Neapel, vor dem Wolfgang Amadeus vor
dreizehn Jahren mit seinem Vater stand.

Das Zitat ist sozusagen Mozarts Nachruf auf den Sänger, der in ganz Europa Triumphe gefeiert hat. Die be-
deutendsten Komponisten seiner Zeit wie Händel und
Gluck, Hasse und Pergolesi haben ihm Arien in die Kehle
geschrieben, die nicht nur die schwierigsten Triller und
Koloraturen bewältigte, sondern mit schier endlosem
Atem das Publikum in einen Rausch versetzte und die
Italiener in Ekstase rufen ließ: »Evviva il coltello – es lebe
das Messerchen«.

Denn erst durch das Messer des Chirurgen, durch eine Verstümmelung im Knabenalter, waren solch unvergleichliche Stimmen möglich. Die besondere Qualität der durch die Operation gewonnenen Kastratenstimme bestand nicht nur in ihrer außergewöhnlichen Tonhöhe und einem besonderen, fast instrumentalen Stimmklang. Ein Kastrat konnte mit unangestrengt wirkender Geläufigkeit die ausgiebigsten Tonläufe singen. Weil seine Stimmritze kurz wie die eines Kindes ist, kommt er beim Singen mit weniger Luft aus, hat dabei die Lunge eines erwachsenen Mannes und entsprechend langen Atem. Dieses außergewöhnliche natürliche Potential wurde durch das Training der italienischen Gesangsschulen noch verstärkt.

Die engelgleichen Stimmen begeisterten auch, weil sie kein Geschlecht zu haben schienen. Kastraten erfüllten die androgynen Wunschträume des Barock. Das spekulative Denken der Zeit beschäftigte sich mit der Suche nach dem »Stein der Weisen«, einem mythischen Symbol, das zur Hälfte männlich, zur Hälfte weiblich sein sollte. Mit den Kastraten schien dieses hermaphroditische Ideal gefunden.

Caffarelli war nicht nur der erfolgreichste, er war auch der skandalöseste Star, den die Opernbühne bis dahin gekannt hat, über keinen Sänger waren mehr Anekdoten im Umlauf. Seine Impertinenz war auch nach so langer Zeit in Wien noch Gesprächsthema. Mit ihm, dessen überirdische Stimme fast ein ganzes Jahrhundert bezaubert hatte, ist die glanzvolle Epoche der Opera seria zu Ende gegangen.

Das spürt auch der siebenundzwanzigjährige Komponist, der seinem Vater vor allem deshalb geschrieben hat, weil er unbedingt das Harlekins-Kostüm braucht, das in Salzburg in einem Schrank hängen muß. Seine Frau Konstanze – er hat sie erst vor wenigen Monaten geheiratet – lasse ihm keine Ruhe, er müsse mit ihr auf einen Faschingsball gehen.

Mozart kann dem Vater außerdem berichten, daß seine neue Oper am Vorabend bereits ihre 17. Aufführung hatte. Das Theater sei wieder, wie bei allen vorangegangenen Vorstellungen, gut besucht, der Beifall enorm gewesen. Besonders stolz ist der Komponist darauf, daß sein deutsches Singspiel beim Publikum besser ankommt als eine ebenfalls auf dem Spielplan stehende italienische Oper des erfolgreichen Komponisten Leopold Gassmann, der vor neun Jahren in Wien gestorben ist.

Eine »welsche« Oper sei zwar viel leichter zu schreiben, meint Wolfgang Amadeus, weil man nur an einem vorgegebenen Schema entlangkomponieren müsse. Aber obschon es ihn mehr Mühe koste, habe er sich für die deutsche Oper entschieden. Er arbeite gerade daran, sich eine Übersetzung von Goldonis Lustspiel *Der Diener zweier Herren* als Libretto einzurichten.

Das deutsche Singspiel nach Goldoni verfolgt Mozart dann doch nicht weiter. Seine nächste größere Oper drei Jahre später ist wieder »welsch«. Aber es ist keine heroische Opera seria, sondern eine Komödie mit Musik. Zum Personal der *Hochzeit des Figaro* gehört ein junger Page, fast noch ein Kind. Vor ihm ist keine Frau sicher, und auch die Männer bezaubert er mit seinem jungenhaften Charme. Eine Rolle, wie geschaffen für einen debütierenden Kastraten. Der Librettist Lorenzo da Ponte könnte den jungen Caffarelli zum Vorbild für seinen Cherubino genommen haben. Und Mozart komponiert in der Atemlosigkeit seiner ersten Arie geradezu die unerschöpfliche Lungenkraft des Kastraten (bei ihm singt die Rolle allerdings eine Sängerin).

1816 hat in Rom Rossinis *Barbier von Sevilla* Premiere, der die Vorgeschichte des *Figaro* erzählt. In der Oper singt Rosina eine moderne Arie, die ihren Vormund Bartolo einschläfert.

»Zu meiner Zeit«, sagt der alte Doktor, »gab es eine andere Musik. Ach, wenn zum Beispiel Caffarelli diese wunderbare Arie gesungen hat...«, und Bartolo trägt eine gespreizte Arietta vor. Die musikalische Karikatur Rossinis ist beinahe das einzige, was heute noch an den größten Sänger des Jahrhunderts erinnert.

Gaetano Majorano, genannt Caffarelli

Der Sängerknabe

Der kleine Gaetano mag mit seinem pechschwarzen, leicht gelockten Haar und seinen vollen Lippen etwas hübscher gewesen sein als die anderen Jungen in dem kleinen Ort Bitonto bei Bari. Vielleicht klang seine Stimme, wenn sie in der Kirche bei einem Solo aus dem Gesang des Chores aufstieg, noch schöner, als Kinderstimmen gewöhnlich in den Ohren Erwachsener klingen. Wahrscheinlich hat ihn seine Großmutter Caterina Mariano noch mehr verwöhnt, als andere Großmütter ihre Enkel verwöhnen.

Gaetanos Mutter Anna ist keine zwanzig Jahre alt gewesen, als sie ihrem Mann Vito Majorano stolz das schreiende Bündel in die Arme legte. Am 16. April 1710 wurde ihr Neugeborener in der Kirche des Evangelisten Johannes auf den Namen Gaetano Carmine Francesco Paolo getauft.

Bitonto liegt auf einer Anhöhe, nah am Meer. Blickt man zur Hafenstadt Bari hinunter, schweifen die Augen über ein silbern schimmerndes Meer von Ölbäumen. Boden und Klima sorgen dafür, daß die Olivenhaine in jedem Winter reiche Ernte bringen. Das Öl von Bitonto wird in ganz Süditalien wegen seiner besonderen Qualität geschätzt.

Die Stadt ist deshalb einigermaßen wohlhabend. Zur Zeit von Gaetanos Geburt kann sie sich den Bau einer modernen Kirche leisten. Sie wird dem heiligen Kajetan, italienisch Gaetano, geweiht. Vor einem Vierteljahrhundert ist der Gründer der Theatinermönche heiliggesprochen worden. Deshalb ist sein Name bei jungen Ehepaaren gerade sehr beliebt.

Schon mit acht Jahren singt Gaetano in der Kirche seines Namenspatrons im Chor. Bei feierlichen Gottesdiensten sind weibliche Stimmen nicht erlaubt. Frauen dürfen in der Kirche allenfalls den Rosenkranz beten. Sopran und Alt müssen bei den liturgischen Gesängen von Knaben gesungen werden. Die haben mit den oft komplizierten Harmonien ihre Schwierigkeiten, und der fette Chorleiter Maestro Caffaro schimpft immer wieder verzweifelt, weil sie unsauber singen oder den Rhythmus nicht halten können. Gaetano macht das alles keine Probleme. Die Töne kommen wie von selbst. Er kann sich nicht vorstellen, daß Singen etwas anderes ist als ein einziges Vergnügen.

Maestro Caffaro hat eine merkwürdige Stimme. Wenn er schimpft, klingt sie schrill und tut fast weh. Singt er eine Phrase vor, ist es irgendwie überirdisch, zumindest in den Ohren von Gaetano. Der Klang von Maestro Caffaros Stimme ist völlig anders als alles, was Gaetano sonst aus dem Mund von Menschen gehört hat.

Manchmal singt die Großmutter zu Hause ein Lied. Es kommt nicht oft vor, aber wenn sie singt, hat ihre Stimme eine gewisse Ähnlichkeit mit der Stimme von Maestro Caffaro. Aber sie ist auch wieder ganz anders. Gaetano könnte nicht sagen, worin der Unterschied besteht. Er läßt sich kaum beschreiben. Maestro Caffaros Stimme ist einfach überirdisch, ihr Klang geradezu unwirklich.

Auf den Altarbildern der neuen Kirche sehen die Engel beinahe wie Menschen aus, aber man sieht doch sofort, daß es keine Menschen sind. Nicht nur wegen der Flügel, die sie an den Schultern haben. Wenn die Engel auf den Bildern zu singen anfingen, dann würde es sich bestimmt ähnlich anhören wie der Gesang von Maestro Caffaro. Es kann gar nicht ausbleiben, daß Gaetano sich wünscht, auch eine solche Engelsstimme zu haben, nur noch viel schöner, viel strahlender als die des Chorleiters.

Irgendwann muß Gaetano das Geheimnis dieses Klangs erfahren haben. Vielleicht hat ihm ein etwas älterer Junge einmal zugeraunt, daß Maestro Caffaro etwas fehle, daß man ihm als Kind etwas weggenommen habe, als er so alt war, wie Gaetano jetzt ist. Ein kleiner Schnitt mit dem Messer, an einer Stelle des Körpers, die etwas Besonderes haben muß.

Vielleicht hat ihm auch seine Großmutter davon erzählt, als sie ihn beim Baden wie gewöhnlich von oben bis unten kräftig abrieb, daß es fast weh tat. Nur an dieser Stelle des Körpers wurden ihre Hände ganz sanft, und sie mag ihm gesagt haben, daß auch er eine Engelsstimme haben könne, wenn er mutig sei. Jedenfalls erklärt Gaetano, als er kaum neun Jahre alt ist, er wolle, daß bei ihm dieser geheimnisvolle Schnitt mit dem Messer gemacht werde.

So jedenfalls stellt es zwei Jahre später Gaetanos Großmutter in ihrem Testament dar: Ihr Lieblingsenkel habe aus Liebe zur Musik von sich aus gewünscht und darauf bestanden, kastriert zu werden.

Wenn es wirklich so war – Gaetano kann nicht gewußt haben, wonach er verlangte. Träumte der Achtjährige schon davon, mit seiner Stimme ganz Europa zu erobern, so wie die Sänger, von denen man sich erzählte, daß sie in

Neapel umjubelt würden, auch in Venedig und Rom, ja sogar nördlich der Alpen an den Fürstenhöfen von Wien, München und Dresden. Von denen man sich zuraunte, daß sie jenseits des Meeres in einer Stadt, die London hieß, Reichtümer erwarben, von denen man in Italien nicht einmal träumen konnte. Die von allen Menschen umjubelt wurden, von Königen und Kaisern ebenso wie von Hafenarbeitern und Näherinnen.

Einer von ihnen war Matteuccio. Alle nannten ihn die »Nachtigall von Neapel«, weil er eine so süße und melodische Stimme hatte. Geboren war er vor mehr als 50 Jahren, 1667, in San Severo bei Foggia im nördlichen Apulien, ungefähr 150 Kilometer von Bitonto.

Seine Mutter Livia Tommasino war schon in jungen Jahren Witwe geworden. Sie sah gut aus, hatte viele Liebhaber. Als ihr Kind geboren wurde, war ihr Mann schon länger als ein Jahr tot. Der Junge wurde als Sohn des Giuseppe Sassano auf den Namen Matteo getauft. Der Vater, wenn er denn wirklich der Vater war, kümmerte sich bald weder um das Kind noch um die Mutter. Livia Tommasino war so arm, daß sie ihren Sohn, so munkelte man, verkauft hatte, regelrecht verkauft. An Agenten, die den hübschen Jungen kastrieren ließen und nach Neapel zur Gesangsausbildung in eines der Konservatorien brachten.

Der junge Sänger, der sich Matteuccio nannte, hatte schon bei seinem ersten Auftritt einen triumphalen Erfolg. Die Frauen umschwärmten ihn, weil er ein so schöner junger Mann und ein Eunuch war. Auch die Männer himmelten ihn an. Sein Ruhm verbreitete sich schnell in ganz Italien. Er wurde sogar nach Wien an den Kaiserhof eingeladen. Leopold I. ließ sich von seinem Gesang ebenso bezaubern wie die Neapolitaner.

Damals war ein Neffe von Kaiser Leopold als Karl II. König von Spanien. Zu seinem Herrschaftsbereich gehörte auch Neapel. Karls Vater, Philipp IV. von Spanien, war in erster Ehe mit einer französischen Prinzessin verheiratet gewesen, einer Schwester von König Ludwig XIII. Aus dieser Ehe war kein Sohn hervorgegangen, nur eine Tochter. Sie wurde mit ihrem Cousin vermählt, König Ludwig XIV. Philipp IV. heiratete in zweiter Ehe Maria Anna von Österreich, eine Schwester des Kaisers Leopold. Sie gebar einen Thronfolger, der als Kind dauernd krank und außerdem, wie eine Chronik der Zeit noch zu seinen Lebzeiten respektlos schrieb, von einer »natürlichen Blödigkeit« war.

Nach dem Tod Philipps IV. regierte Maria Anna für ihren unmündigen Sohn. Am 6. November 1675, seinem 15. Geburtstag, übernahm er als Karl II. offiziell die Regierungsgeschäfte. Als erstes verbannte er seine Mutter vom Hof. Das brachte ihm den Beifall der spanischen Granden ein, denn Maria Anna hatte sich durch Eigenmächtigkeiten beim Adel und auch bei der Bevölkerung unbeliebt, sogar verhaßt gemacht. Auch schien unter ihr die spanische Politik immer mehr vom fernen Wien bestimmt zu werden.

1679 wurde Karl mit einer französischen Prinzessin verheiratet. Er söhnte sich mit seiner Mutter aus. Sein gesundheitlicher Zustand war weiterhin kritisch. Der erhoffte Thronfolger blieb aus. Nach zehnjähriger Ehe starb seine Frau. Hektisch wurde an den europäischen Höfen nach einer geeigneten Prinzessin gesucht. Noch bevor das offizielle Trauerjahr abgelaufen war, wurde der König wieder verheiratet. Doch auch seine zweite Frau wurde nicht schwanger. Als Königinmutter Maria Anna 1696 starb und Karl auf sich allein gestellt war, verfiel der inzwischen fast vierzigjährige König immer mehr. In Wien kam man auf die Idee, Matteuccio an den spanischen Hof zu schicken. Vielleicht würde Musik den König, der auch an Depressionen litt, ein wenig aufheitern.

1698 kam der Kastrat nach Madrid, und sein Gesang schien Wunder zu wirken. In Neapel erzählte man sich Erstaunliches über Matteuccio und seinen Einfluß auf den König von Spanien. Fast zwei Jahre blieb der Sänger am spanischen Hof, bis Karl II. kurz vor seinem 40. Geburtstag unerwartet am 1. November 1700 starb.

Da es in Spanien keinen Thronfolger gab, hatten sich noch zu Lebzeiten Karls der deutsche Kaiser und der französische König über die Aufteilung der spanischen Länder verständigt und vereinbart, daß Spanien und Süditalien in Zukunft nicht mehr vom selben Fürstenhaus regiert werden sollten. Philipp von Anjou, ein Enkel Ludwigs XIV., zweitgeborener Sohn des französischen Kronprinzen und Urenkel des früheren spanischen Königs Philipp IV., war als Herrscher über Neapel, Sizilien und Sardinien vorgesehen. Kaiser Leopolds Sohn Karl sollte über Spanien mit allen Kolonien und die spanischen Niederlande regieren, Lothringen an Frankreich fallen. Doch kurz vor seinem Tod hatte Karl II. ein Testament gemacht, in dem er Philipp von Anjou zu seinem Alleinerben bestimmt hatte. Ein solches Schriftstück tauchte jedenfalls plötzlich in Paris auf, und Ludwig XIV.

proklamierte seinen Enkel als Philipp V. zum König von Spanien. Von einer Trennung Neapels und Siziliens vom spanischen Herrschaftsbereich wollten die Franzosen nichts mehr wissen. Es kam zum Krieg um das spanische Erbe. Das bisher von Madrid regierte Süditalien wurde im Verlauf dieses Krieges 1707 von österreichischen Truppen besetzt.

Die politischen Veränderungen brachten noch mehr Armut ins ohnehin durch die Fremdherrschaft ausgesaugte Land. Matteuccio dagegen kehrte als reicher Mann mit dem Titel eines Marquis nach Italien zurück. Seine märchenhafte Karriere wurde zur Hoffnung für alle Armen, die einen Sohn hatten. Der sagenhafte Reichtum des königlichen Sängers machte sie glauben, daß singen und reich werden eins sei. Und sie meinten, daß man, um singen zu können, nichts nötig habe als ein hübsches Gesicht. Und natürlich die kleine und so folgenschwere Operation.

Diese Operation schien die Gewähr für endloses Glück zu sein, für das Ende aller Sorgen. Eltern, die in Not geraten waren, lieferten ihren Sohn dem Messer des Chirurgen aus, in der Hoffnung, so ihrem Elend zu entkommen. Gaetanos Vater allerdings gehörte nicht zu den wirklich Armen, sein Sohn hätte als Olivenbauer ein ersprießliches Auskommen finden können.

Hat der achtjährige Gaetano also wirklich selbst nach der Operation verlangt, »aus Liebe zur Musik«? Hat seine Großmutter ihm dieses Verlangen eingeredet, oder vielleicht Maestro Caffaro, der selbst als Kind operiert worden war? Bei ihm sind, wie bei unzähligen anderen, die Träume von Ruhm und Reichtum nicht in Erfüllung gegangen. Aber immerhin hat er die Ausbildung im Konservatorium beenden können, ist nicht, wie viele, deren Stimme nach der Operation nicht hielt, was sich andere von ihr versprochen hatten, einfach aus der Schule hinausgeworfen, zum armseligen Bettler geworden, der mit kreischender Stimme, an der jeder den Eunuchen, den Kastrierten erkennt, an einer Straßenecke um Almosen bettelt. Denn das ist die andere Seite der Kastrationssucht, die nun schon hundert Jahre in Italien herrscht. Die Mehrzahl der Opfer hat es nicht einmal in einen Kirchenchor gebracht, was Maestro Caffaro immerhin noch geschafft hat.

Über all das wird Gaetano sich keine Gedanken gemacht haben, als er so bestimmt verlangte, kastriert zu werden. Das anfängliche Entsetzen auf dem Gesicht seines Vaters hat er nicht deuten können. Er mag einmal von einem etwas älteren Jungen die Bemerkung gehört haben, Maestro Caffaro sei doch kein richtiger Mann, aber was damit gemeint war, hat er nicht wirklich verstanden, und nachzufragen hat er sich nicht getraut.

Gaetanos Mutter ist wohl nur leicht errötet und hat weggeschaut, als er seinen Wunsch an einem Abend während des Essens aussprach. Nur seine Großmutter hat ihn mit leuchtenden Augen angesehen. Gaetano wußte sofort, wenn irgend jemand ihm widersprochen hätte, wenn sein Vater in seiner zurückhaltenden, aber bestimmten Art erklärt hätte, daß er sich das aus dem Kopf schlagen solle, die Großmutter hätte lautstark und energisch widersprochen. Und sie hätte sich, wie meistens, durchgesetzt.

Die Operation

Im Frühjahr 1719, Gaetano ist eben neun Jahre alt geworden, geht der Junge mit Maestro Caffaro auf eine große Reise. Seine Mutter wird beim Abschied geweint, ihm lange traurig nachgeblickt haben. Daß Maestro Caffaro zu ihr gesagt hat, sie solle sich nicht so haben, Gaetanos Stimme sei wertvoller als seine Hoden, mag er nicht gehört haben, und wenn er es gehört hat, dann hat er sicher nicht verstanden, was damit gemeint war.

Es ist Gaetanos erste Reise. Er wird lange unterwegs sein, soviel hat er mitbekommen. Seine Aufregung darüber ist größer als die Vorfreude darauf, daß er eine Stimme bekommen soll, wie Maestro Caffaro eine hat. Er weiß nicht recht, warum sie dafür einen so weiten Weg machen müssen, und manchmal überfällt ihn doch etwas Furcht vor dem notwendigen Schnitt mit dem Messer. Aber er will ein großer Sänger werden, also muß es sein!

Etwa vierhundert Kilometer ist der kleine Gaetano mit seinem Lehrer am Meer entlang nach Norden und dann in die Berge von Umbrien gefahren, anfangs mit der Postkutsche. Die Kutsche ist nicht gefedert. Wenn ihre Räder in eines der zahlreichen Schlaglöcher fallen, wird der Junge jedesmal bis fast an die Decke geschleudert. Die Straßen im Gebirge sind sehr schmal, talwärts sind sie stark abgeböscht und führen an einer Kette gräßlich steiler Abgründe vorüber. Maestro Caffaro erklärt Gaetano, daß diese steilen Abstürze zwar eine wenig angenehme Erfindung für den Reisenden seien, der aus der Kutsche herausschauen will, aber nötig der Wasser wegen, die sonst tiefe Schluchten in die Straßen reißen würden. Das letzte Stück des Weges legen sie in einem Bauernkarren zurück. Es gibt jetzt nur noch Saumpfade, ringsum nichts als Kiesel und kopfgroße Felsstücke.

Nachdem sie wiederholt eine Bergkette überwunden haben, blicken Gaetano und Maestro Caffaro auf eine weite Hochebene, rings von Bergen eingeschlossen, in der Mitte eine im Sonnenlicht gleißende Stadt. Norcia, das Ziel ihrer Reise, liegt bereits in den päpstlichen Staaten. Mit seiner wie silbern leuchtenden Mauer wirkt der Ort wie ein Zauberschloß. Gaetano mag sich bei dem Anblick an die Märchen erinnert haben, die seine Großmutter ihm erzählt hat. So müssen die Burgen aussehen, in denen eine Prinzessin gefangengehalten wird, die darauf wartet, daß ein Prinz sie befreit oder wachküßt.

Langsam und rumpelnd nähert sich der Wagen Norcia, fährt eine Weile an der Mauer entlang, dann durch das Stadttor in eine steil ansteigende Straße, gelangt schließlich auf einen weiten Platz, der von zwei prächtigen Kirchen und einem festungsartigen Palast gesäumt wird.

In römischer Zeit hieß der Ort Nursia. Um 480 wurden hier Scholastika und ihr Zwillingsbruder Benedikt, der Gründer des nach ihm benannten Ordens, geboren. Trotz dieser beiden prominenten Heiligen hat es die Stadt nicht zu einem vielbesuchten Wallfahrtsort gebracht, weil sie so abgelegen ist.

Gaetano wird mit staunenden Augen die reichen Häuser angeschaut haben, ihre in der Abendsonne wie golden glänzenden Mauern. Norcia ist so verschieden von Bitonto, hat vor allem eine andere Luft, frisch und klar, nicht so feucht und dunstig wie am Meer.

Die beiden Reisenden werden in einem einfachen Gasthaus abgestiegen sein. Vielleicht hat Gaetano gehört, wie Maestro Caffaro nach dem Weg zum Haus des Dottore Scacchi gefragt hat. Als der Wirt den Weg beschrieb, hat er den Blick eines wissenden Verschwörers gehabt, der zu erkennen geben will, daß er genau versteht, und sich zugleich bemüht, den Eindruck zu erwecken, als verstehe er nicht. Besorgt und beinahe mitleidig hat er dann auf den kleinen Jungen geschaut.

Am nächsten Morgen fährt Caffaro mit Gaetano zum Dottore Scacchi, der außerhalb der Stadtmauern in einem kleinen Bergdorf lebt. Die Tür seines Hauses ist von einem marmornen Bogen eingefaßt, auf den der Name des Doktors eingemeißelt ist. Er entstammt einer traditionsreichen Arztfamilie, seine Vorfahren sind berühmte Chirurgen gewesen. Einer von ihnen hat vor mehr als hundert Jahren die englische Königin Elisabeth am grauen Star operiert, ein anderer war vor siebzig Jahren Leibarzt des türkischen Sultans.

Der Dottore ist ein freundlicher Mann. Er bittet Gaetano, sich nackt auszuziehen. Das geniert den Jungen nicht weiter, im Sommer läuft er zu Hause sowieso nur mit einem kurzen Hemdchen bekleidet herum. Der Arzt untersucht Gaetano, hört seine Lunge ab, betastet mit den Fingerspitzen gründlich seinen Hals. Das kitzelt ein wenig, ist aber nicht weiter schlimm. Dann drückt Dottore Scacchi Gaetanos Bauch, nimmt schließlich die beiden Kugeln in die Hand, die an seinem kleinen Schwänzchen baumeln, drückt sie ein wenig, knetet sie fast. Das findet Gaetano seltsam erregend. Dort hat ihn noch nie jemand berührt, nur die Großmutter, wenn sie ihn gebadet hat, aber auch dann nur ganz flüchtig. Die Aufmerksamkeit, die der Doktor diesen Kugeln widmet, irritiert Gaetano. Er findet die Berührung etwas peinlich, aber sie ist auch irgendwie schön.

Neben dem schrägen Tisch, auf dem der Dottore die Untersuchung vornimmt, steht ein großer hölzerner Bottich. In ihn haben währenddessen zwei Assistenten Wasser gegossen, das offenbar sehr warm ist. Als der Bottich gefüllt ist, prüft der Dottore mit seinen Fingerspitzen die Temperatur. Er hebt Gaetano hoch und setzt ihn in das heiße Wasser. Im ersten Moment zuckt der Junge zusammen, aber er wagt nicht zu schreien. Schon bald empfindet er die Hitze als wohltuend. Er hat noch nie in warmem Wasser gesessen. Wenn seine Großmutter ihn gebadet hat, war es meist ziemlich kalt, und er hat deshalb auch oft versucht, sich dem Baden zu entziehen. Jetzt umfängt die Wärme seinen Körper, scheint ihn zu beschützen. Kleine Schweißtropfen treten ihm auf die Stirn.

Der Dottore hat derweil in einem Mörser etwas zu Pulver zerstampft, das Pulver in einen Becher geschüttet, in den er aus einem Krug Wasser gießt. Sorgfältig rührt er um. Dann läßt er Gaetano den Becher austrinken. Der Trank hat einen bitteren Geschmack. Gaetano muß unwillkürlich die Augen schließen, obwohl er sich doch vorgenommen hat, alles, was mit ihm geschehen wird, genau zu beobachten. Er fühlt sich plötzlich sehr müde, aber die Mattigkeit hat etwas Wohliges. Eigentlich ist diese angenehme Erschöpfung das letzte, an das Gaetano sich später wirklich erinnern kann, die Erschöpfung und ein furchtbarer Schmerz. Dieser Schmerz muß so entsetzlich gewesen sein, daß er in eine tiefe Ohnmacht gefallen ist. Als er wieder voll bei Bewußtsein war, lag er fiebernd in seinem Bett in der Herberge.

Gaetano wußte deshalb nicht, was genau im Haus des Dottore Scacchi mit ihm geschehen war, und auch wir können es nur vermuten. Es gab im Italien des 18. Jahrhunderts verschiedene Methoden, aus kleinen Jungen unfreiwillige Engel zu machen, die zumindest mit ihren Stimmen in Konkurrenz zu den himmlischen Heerscharen treten konnten. Da Dottore Scacchi ein Chirurg war, wird er einen Schnitt mit dem Messer gemacht haben, dort, wo er vorher so lange herumgetastet hat. Dazu haben seine beiden Assistenten Gaetano aus dem Zuber genommen und auf den schrägen Tisch gelegt, mit dem Kopf nach unten und den Füßen nach oben. Durch die Hitze des Wassers und den mit Narkotika angereicherten Trank war der Junge benommen, aber nicht völlig bewußtlos.

Wir vermögen uns heute kaum noch eine Vorstellung davon zu machen, was eine Operation bedeutete, bevor im Oktober 1846 in Boston zum ersten Mal mit der Äthernarkose zumindest während des chirurgischen Eingriffs ein schmerzfreier Zustand für den Patienten erreicht wurde. Bis dahin konnten die Chirurgen nur versuchen, mit verschiedenen Mitteln den Schmerz zu überlisten, mit Kräuterextrakten oder alkoholgetränkten Schlafschwämmen. Sie haben es mit Opium probiert

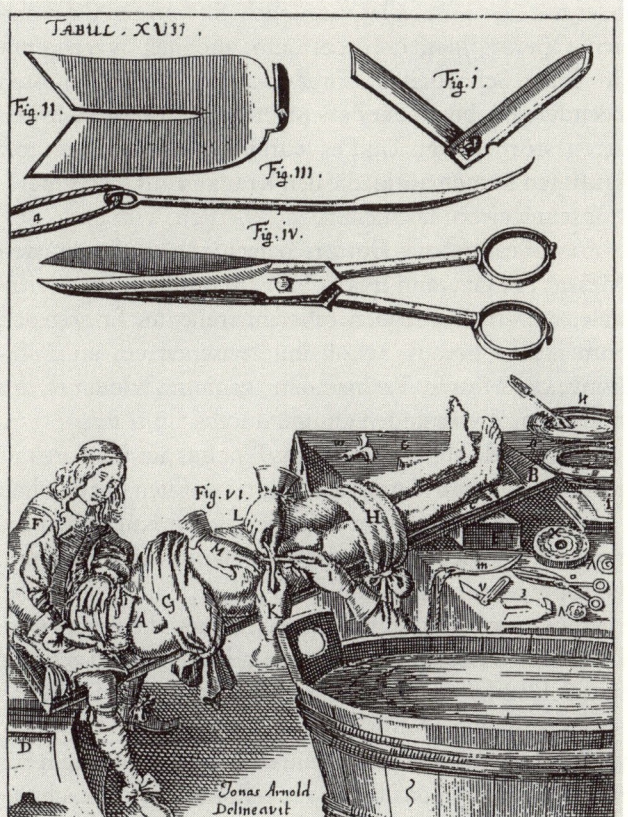

Die Kastration und chirurgische Instrumente

oder mit Hypnose, alles vergeblich. So mußten die wenigen Operationen, die überhaupt möglich waren, mit äußerster Schnelligkeit vorgenommen werden, mußten beendet sein, bevor der Patient am Schock seiner Schmerzen gestorben war. Und es waren zwei Assistenten mit kräftigen Armen nötig, die den Kranken auf dem Operationstisch eisern festhielten.

So war es auch, als Dottore Scacchi mit einem scharfen Messer bei Gaetano links oberhalb des Gliedes die Kanäle, die zu den Hoden führten, freilegte. Er zog den Samenleiter heraus, schob ihn zwischen ein stumpfes konvexes Messer, Retinaculum genannt, klemmte ihn mit einem Zwirnsfaden ab und durchschnitt ihn.

Die Wunde blutete heftig, das Blut hat der Dottore mit einem Schwamm abgewischt und schließlich mit etlichen aus abgebrannter Baumwolle bereiteten Kügelchen bestreut. Die frische Asche sollte die Wunde desinfizieren. Darüber hat er ein Kataplasma gelegt, eine Kompresse, getränkt mit einer blutstillenden Arznei, die er aus Gerstenmehl, Weizenkleie, Rosenöl und rotem Wein gebraut hat. Schließlich ein mit Salzwasser getränktes Tuch, das von einer stützenden Binde gehalten wurde.

Wahrscheinlich ist der erfahrene Chirurg an einem der nächsten Tage in das Gasthaus gekommen, um nach seinem kleinen Patienten zu sehen, damit der Junge nach erfolgreicher Operation nicht durch Unachtsamkeit am Wundfieber starb oder nur gräßlich verstümmelt überlebte. Diese Nachsorge war nicht selbstverständlich in dieser Zeit. Und insofern hat die weite Reise von Bitonto nach Norcia durchaus ihren Sinn gehabt. Oft wurden Knaben von Barbieren kastriert, denen es ziemlich egal

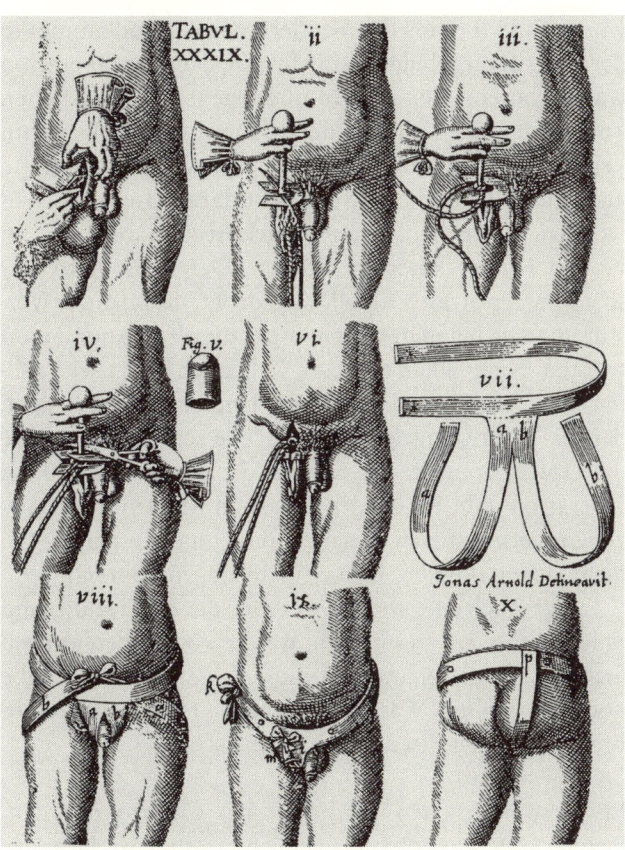

»Wie die Castrirung oder Außschneidung der Geilen
solle verrichtet werden«

war, was später aus den Kindern wurde. Zudem mußte der Eingriff im geheimen stattfinden, denn die Operation war verboten. Nur in dem abgelegenen Bergstädtchen konnte man sie so offen durchführen, jedenfalls nahm kein Mensch in Norcia Anstoß daran. Trotzdem hätte auch hier niemand, wäre er direkt darauf angesprochen worden, zugegeben, je davon gehört zu haben, daß in Norcia Kinder kastriert würden. Der Papst hatte die schlimmsten Strafen für alle angedroht, die an dieser Verstümmelung beteiligt waren, sogar für die, die nur davon wußten. Nicht allein in dieser Welt, auch im Jenseits sollten sie auf ewig verdammt sein. Und eben dieser Papst, der die Täter sozusagen in die Hölle schickte, brauchte die Opfer, brauchte die Sänger, die es nur durch diese Operation gab. Sie sangen in seinen Messen die kunstvollen vielstimmigen Gesänge, die Frauen in der Kirche nicht singen durften, Kinder nicht singen konnten.

Es gab noch eine andere Methode der Kastration, und es ist schwer zu entscheiden, welche von beiden grausamer war. Bei dieser anderen wurden, während der Knabe noch im heißen Wasser saß, beide Hoden mit einer breiten, flachen Eisenschere zerquetscht.

Etwa zwei Wochen wird Maestro Caffaro mit dem kleinen Gaetano in Norcia geblieben sein. Fast die ganze Zeit verbringt der Junge auf dem Rücken liegend im Bett. In den ersten Tagen hat er häufig Schwindelanfälle und Ohnmachten, leidet unter aufsteigender Hitze und plötzlichen Schweißausbrüchen. Nach zwei Wochen ist die Wunde so weit verheilt, daß Maestro Caffaro mit ihm die Rückreise antreten kann. Noch ist Gaetano so geschwächt, daß er kaum wahrnimmt, wo er ist. Und wenn er später an Norcia zurückdenken wird, sieht er immer nur das Bild ihrer Ankunft vor sich: das Zauberschloß in der Abendsonne.

Im September 1720 stirbt seine Großmutter. Sie vermacht ihrem Lieblingsenkel zwei Weinberge, von deren Ertrag er Grammatik und Musik studieren soll. Schon im Oktober bringt Maestro Caffaro den inzwischen zehnjährigen Gaetano nach Neapel in eine der vier berühmten Musikschulen. Von Neapels Konservatorien wird fast ganz Europa mit Sängern, vor allem mit Kastraten, versorgt.

Porporas Schüler

Im Konservatorium von Sant'Onofrio unterrichtet Maestro Porpora die Gesangsklasse. Porpora hat Ende August 1720 in einem Adelspalais im Rahmen einer privaten musikalischen Soiree seinen fünfzehnjährigen Schüler Carlo Broschi einem größeren Publikum vorgestellt. Seitdem schwärmt die ganze Stadt von dem jungen Sänger, dessen Stimme ein wahres Wunder sein muß. Nach der Serenata, in der Carlo Broschi die Sopranpartie gesungen hat, haben sich die Herren in den eleganten Uniformen und Fräcken fast ehrfurchtsvoll um den kleinen Debütanten geschart und mit einer Devotion mit ihm gesprochen, als sei er ein Königssohn. Und wie die Damen in ihren kostbaren Roben miteinander getuschelt, schmachtende Blicke auf dieses Bürschchen geworfen haben!

Neben dem Sänger hat es bei dem Konzert noch einen weiteren Debütanten gegeben. Der Dichter des Textes der Serenata ist der zweiundzwanzigjährige Pietro Trapassi. Vor elf Jahren hat der Advokat Gian Vincenzo Gravina den Sohn eines armen Krämers entdeckt, als der Junge in Rom vor Straßenpublikum um Almosen Verse improvisierte. Der Advokat nahm ihn in sein Haus, sorgte für seine Erziehung. Nach dem Tod seines Gönners, der ihm ein bescheidenes Kapital vererbt hat, zog Trapassi nach Neapel und trat als Gehilfe in eine Rechtsanwaltskanzlei ein. Er machte die Bekanntschaft der Sängerin Marianna Benti Bulgarelli, nach ihrem Geburtsort »La Romanina – die Römerin« genannt. Sie vermittelte ihn an Porpora, bei dem der junge Pietro Gesangs- und Kompositionsunterricht nahm, denn er wollte Opernlibrettist werden. Auch auf den Dichter der Serenata fällt an diesem Abend der Glanz des Erfolges.

Beide Debütanten werden bald nach diesem Konzert einen Künstlernamen annehmen, unter dem sie in ganz Europa berühmt werden sollten: der Sänger Carlo Broschi nennt sich Farinelli, der Dichter Pietro Trapassi, der die antiken Sagen so sehr liebt, wählt die griechische Übersetzung seines Namens »Trapasso – Übergang«: Metastasio.

Wegen des doppelten Erfolgs seiner Schüler spricht ganz Neapel auch vom Lehrer Porpora, und wahrscheinlich bringt Caffaro seinen Schützling deshalb zum Conservatorio Sant'Onofrio.

Nicola Porpora ist 34 Jahre alt. Vor zwölf Jahren hat er in Neapel seine erste Oper aufführen können. Sie ist zwar nicht gerade durchgefallen, aber auch kein richtiger Erfolg gewesen. Jedenfalls hat er keinen weiteren Kompositionsauftrag des Teatro San Bartolomeo erhalten, sich deshalb notgedrungen als Gesanglehrer an eines der Konservatorien von Neapel verpflichten lassen.

Jetzt sieht Porpora endlich eine Möglichkeit, als Komponist die Anerkennung zu finden, die er zu verdienen glaubt. Er wird aus seinen Schülern die besten Sänger der Welt machen, wird sie dabei so an sich binden, daß ein Impresario, der einen seiner Kastraten engagieren will, eine Oper von Nicola Porpora spielen muß.

Mit dem kleinen Gaetano schließt sein neuer Lehrer einen seltsamen Pakt: Er wird ihn bevorzugt unterrichten, wenn er sich ohne Widerrede auf eine neue Unterrichtsmethode einläßt, selbst wenn sie ihm im Verlauf der Jahre noch so absurd und sinnlos erscheinen sollte. Der Junge geht auf den Vorschlag ein. Vielleicht fühlt er sich sogar geschmeichelt, daß der Lehrer gerade ihn für sein Experiment ausgesucht hat.

Dieses Experiment sieht so aus: Porpora gibt dem Jungen ein einziges Blatt mit Noten. Es sind ganz simpel scheinende Gesangsübungen: lang ausgehaltene Schwelltöne, die Tonleiter einmal hinauf, dann hinunter; Tonsprünge, also Terzen, Quarten und Quinten, bei denen jeweils der erste Ton lang ausgehalten werden soll; schließlich Läufe, die immer schneller werden, dann Triller und Vorschläge. Porpora verlangt von seinem Schüler, daß er in seinen täglichen Übungen, die mehrere Stunden zu dauern haben, nur von diesem einen Blatt singt. Kein Lied, keine Arie. Nur Vokalisen, Töne auf einem Vokal. Da immerhin darf er variieren. Es ist Gaetano freigestellt, ob er die Übungen auf »a«, »e«, oder »o« singen will. Aber das ist dann auch schon alles an Abwechslung. Auf unbequemen Vokalen darf er nicht üben, denn mit aller Kunst wird er es nicht dahin bringen, daß ein »i« oder »u« beim Singen so gut klingt wie ein »a«.

Gaetano kommt das alles zwar etwas seltsam vor, aber er vertraut dem Lehrer. Porpora ist streng, er ist eine absolute Autorität, sicher auch deshalb, weil der kleine Junge in die große Stadt Neapel aus dem ländlichen Bitonto gekommen ist und erst einmal alles aufregend findet, was an Eindrücken auf ihn einstürzt.

Als das erste Studienjahr vorbei ist, denkt Gaetano, jetzt werde endlich der richtige Gesangsunterricht beginnen. Aber Porpora gibt ihm keine neuen Noten für die täglichen Übungen. Noch ist Gaetano zu schüchtern, als daß er nachzufragen wagte.

Am Beginn des dritten Jahres fängt Gaetano an zu murren, als sein Lehrer noch immer auf dem einen Notenblatt besteht. Porpora erinnert Gaetano nur an sein Versprechen, ihm in allem zu gehorchen, auch wenn es noch so langweilig ist. Auch im vierten Jahr ändert sich nichts. Im fünften Jahr wundert Gaetano sich schon nicht mehr, daß er noch immer Tag für Tag von dem ewigen Blatt singen soll.

Im sechsten Jahr ist er fast erstaunt, daß Porpora ihn seine Gesangsübungen nicht mehr nur auf Vokalen machen läßt. Er darf jetzt gelegentlich richtige Worte und ganze Sätze singen. Dabei korrigiert sein Lehrer Aussprache und Betonung in einer Weise, die dem inzwischen Fünfzehnjährigen, der glaubt, in der Hauptstadt seinen apulischen Dialekt völlig abgelegt zu haben, ziemlich kleinkariert vorkommt und auf die Nerven geht.

Am Ende des sechsten Jahres ist Gaetano zuversichtlich, daß im siebenten Jahr der richtige Gesangsunterricht beginnen wird, er endlich die Arien versuchen darf, die er von Farinelli und anderen Sängern und Sängerinnen so meisterhaft hat vortragen hören. Doch als er sich endlich traut, seinen Lehrer darauf anzusprechen, sagt Porpora zu ihm: »Geh, mein Sohn, es gibt für dich nichts mehr zu lernen. Du bist jetzt der beste Sänger Italiens, ja, der ganzen Welt!«

So erzählt eine Anekdote die Gesangsausbildung von Gaetano Majorano. Und wenn sie auch die Lehrjahre des Sängers zu sehr auf die Pointe verkürzt schildert, das Notenblatt Porporas hat es wirklich gegeben. Auf ihm sind Übungen notiert, die noch heute für jeden Sänger und jede Sängerin als tägliches Training zum Finden und Lockern der Stimme, zum »Einsingen«, nützlich sind, und insoweit hat die Anekdote auch ihren wahren Kern. Die tatsächliche Ausbildung Gaetanos in den sechs Jahren seines Studiums am Konservatorium bestand jedoch aus mehr als nur einem Notenblatt.

Was Porpora von den Gesanglehrern seiner Zeit unterschied, war, daß er die technisch schwierigen Elemente des Kunstgesangs aus den einfachsten, natürlichen Formen des Singens herleitete, die korrekte Ausführung dieser grundlegenden Fähigkeiten überwachte und sie allmählich – und für den Schüler fast unmerklich – zu immer höheren Graden der Schwierigkeit und der Vollendung steigerte. Dabei zwang er seine Schüler zu ständiger und genauester Wiederholung der wichtigsten Grundlagen der Gesangstechnik. Die Eintönigkeit des immer Gleichen sollte den Schüler anregen, in sich hineinzuhören, seinen Körper kennenzulernen, sich bewußt zu machen, was beim Singen mit und in ihm geschieht. Gerade die äußere Langeweile führt ihn dazu, im Geist seine Zunge zu beobachten, zu begreifen, wie sie sich bewegt. Schließlich dahin zu kommen, daß nicht mehr sie sich bewegt, sondern er seine Zunge bewegt, bewußt, mit seinem Willen. Zu lernen, wie er den Atem führt, wie die Luft aus seiner Lunge strömt, welche Muskeln er beim Singen benötigt. Bald spürt er, daß er meistens zu viel tut, daß er leichter singt, wenn er weniger Kraft aufwenden muß, weil ihm bewußt geworden ist, wie sein Körper funktioniert.

Die scheinbare Monotonie der täglichen Übungen regt auch die Phantasie an. Die ständige Wiederholung bleibt nicht stures Repetieren. Winzige Feinheiten verändern sich, führen zu Variationen, wenn auch nur in Nuancen.

Dem Schüler geht dabei das, was schwierig ist, über das Bewußtwerden so ins Unterbewußtsein ein, daß er es schließlich fast wie in Trance und ganz selbstverständlich produziert. Wenn Gaetano nach seiner Ausbildung eine Bühne betritt, wird er sich nicht mehr in jedem Moment auf die Gesangstechnik konzentrieren müssen. Die Grundlagen seiner Kunst sind ihm so in Fleisch und Blut übergegangen, daß sein Körper sie wie automatisch produziert. Nur bei besonders exponierten Stellen, bei schwierigen Intervallsprüngen, bei Verzierungen in schnellem Tempo, bei extrem hohen und tiefen Tönen wird er es nötig haben, sich auf seine Technik zu besinnen.

Im Conservatorio Sant'Onofrio werden mit Gaetano mehr als hundert Schüler studiert haben. Unter ihnen waren nur wenige Kastraten, sicher nicht mehr als zehn, höchstens fünfzehn, die wie er im Alter von neun oder zehn Jahren ihr Studium begonnen haben. Die anderen studierten Komposition, die verschiedensten Instrumente, sangen Baß oder Tenor. Die Instrumentalisten waren wenig älter als die Kastraten. Nur die Kompositionsstudenten und die Sänger mit den Männerstimmen begannen später mit dem Studium, aber auch sie waren nur um die fünfzehn Jahre alt.

Die Kastraten wurden vor den anderen Schülern bevorzugt, waren sie doch, wenn ihre Stimmen hielten, was sie zu versprechen schienen, die Superstars von morgen. Ihr zukünftiger Ruhm würde das Prestige der Schule ausmachen. Deshalb bewohnten sie die besseren Zimmer in den oberen Stockwerken. Ihre kostbaren Stimmorgane sollten keinen Schaden durch Kälte oder Zugluft nehmen.

Die Ausbildung der Kastraten beschränkte sich nicht auf den Gesang. Sie mußten zusätzlich Komposition studieren, musikalische Stilkunde betreiben. Ein Musiker war zu Gaetanos Zeit kein reproduzierender Künstler, der sich brav an die Noten hielt.

Eine barocke Arie besteht üblicherweise aus zwei Vierzeilern. Die kompositorische Ausgestaltung der ersten vier Zeilen wird durch einen scharfen Schluß auf der Dominante oder einer Paralleltonart mit folgendem Zwischenspiel, dem Ritornell, beendet. Der zweite Teil steht meist in Takt und Tempo im Gegensatz zum ersten, der Komponist läßt in ihm seine harmonischen Künste spielen. Danach wird der erste Vierzeiler wiederholt, und bei diesem »da capo« erwartet das Publikum Verzierungen, die der Sänger aus der Stimmung des Augenblicks heraus zu improvisieren hat und die deshalb bei jeder Aufführung anders klingen oder zumindest klingen sollen. Ein guter Sänger muß also in gewisser Weise sein eigener Komponist sein, muß die Regeln der Harmonie beherrschen, neben sicherem Stilempfinden auch musikalischen Geschmack haben. Das alles zu vermitteln, gehört zum Talent eines guten Gesanglehrers. Es geht bei der Ausbildung nicht nur um Technik, um die Beherrschung des Atems, die Reinheit der Intonation, das mühelose An- und Abschwellen der Stimme, einen leichten, glänzenden Triller und alle möglichen Koloraturen.

Gaetano muß jeden Tag zwei bis drei Stunden singen, aber nicht an einem Stück. Am Vormittag nur eine Stunde, in der hat er Tonleitern zu üben, aus voller Brust, ganz und gar rein intoniert. Dabei muß jeder Ton, vom höchsten bis zum tiefsten, dem anderen völlig gleich sein und jeder vollkommen sauber, so daß dem Sänger ein schwankender oder unsauberer oder ungleicher Ton geradezu unmöglich wird. Nach dem Mittagessen darf er eine längere Pause machen, muß dann noch einmal am Nachmittag ein bis zwei Stunden singen. In den Ruhestunden soll er mit der Hand auf dem Klavier in Gedanken weiter studieren, was besser ist, als wenn er stundenlang mit lauter Stimme übt. Gelegentlich macht er die Übungen vor dem Spiegel, nicht um mit Selbstgefallen seine Schönheit zu bewundern, sondern um sich vor zuckenden Bewegungen des Körpers und vor Gesichtsgrimassen zu hüten.

Es ist also durchaus nicht nur das eine und einzige Notenblatt, das Porpora mit seinem Schüler durchgeht, wenn es auch über alle Jahre der Ausbildung zu den täglichen Übungen zählt. Porpora lehrt Gaetano, deutlich und wohllautend zu sprechen, erst bloß Vokale, dann Worte. Im Klavierspiel muß er so weit kommen, daß er sich selbst begleiten kann. In der Lehre der Harmonie bringt ihn sein Lehrer dahin, daß er jede Unregelmäßigkeit augenblicklich empfindet, damit er sich später den Eingebungen des Augenblicks überlassen kann, ohne bei seinen willkürlichen Veränderungen Verstöße gegen die Gebote der Komposition befürchten zu müssen.

Studiert Porpora mit Gaetano eine Arie ein, erklärt er ihm den Sinn des Textes und der Musik, hält ihn an, zuerst alles genau so vorzutragen, wie es hingeschrieben ist. Dann überläßt er seinen Schüler, was Ausdruck und Auszierung angeht, sich selbst und gibt nur Rat, wenn er notwendig wird. Denn der Sänger muß sich gewöhnen, selbst zu denken, selbst zu suchen. Mehr die Empfindung als die Kehle muß die Veränderungen hervorbringen, wenn sie später das Publikum in einen Taumel der Begeisterung versetzen sollen.

Gaetano ist im dritten Jahr seiner Ausbildung, als Porpora einen neuen Schüler annimmt. Er kommt aus Deutschland, heißt Giovanni Adolfo Hasse und ist schon 23 Jahre alt, für Gaetano, der gerade 13 ist, also fast schon ein alter Mann. Hasse hat sich am Konservatorium als Kompositionsstudent eingeschrieben. In seiner Heimat hat er auch Gesang studiert, aber er ist kein Kastrat. Kastraten gibt es in seinem Land nicht, so viel glaubt Gaetano verstanden zu haben. Der Deutsche singt Tenor, hat eine angenehme, wenn auch nicht gerade virtuose Stimme. Nun kennt allerdings die Musik, die in Neapel aufgeführt wird, praktisch keine Partien für Tenor, jedenfalls keine, die einem Sänger ermöglicht hätten zu zeigen, was er kann. Große Partien sind immer für Sopran geschrieben, für männlichen oder weiblichen. Ein Tenor hat allenfalls eine kleine Nebenrolle mit ein paar Rezitativen, und wenn der Komponist sehr gnädig gewesen ist, hat er ihm ein winziges Arioso zugestanden.

Farinelli in einer Frauenrolle

Im vierten Schuljahr wird Gaetano der Erfolg Carlo Broschis zum erstrebenswerten Vorbild. Porporas Schüler feiert seit zwei Jahren unter dem Namen Farinelli in Rom unerhörte Triumphe, hat dort, wie es für einen jungen Kastraten üblich ist, in einer Frauenrolle debütiert, denn in den Theatern der päpstlichen Staaten dürfen nur Männer auftreten. In der Oper übernehmen deshalb in Rom gewöhnlich junge Kastraten die weiblichen Rollen. Durch Farinellis Erfolg hat Porpora endlich den Durchbruch als Komponist geschafft. Fünf Opern kann er mit seinem berühmten Schüler in Rom herausbringen. Gaetano ist deshalb in Neapel längere Zeit auf sich selbst angewiesen.

Von der Stadt bekommt er in den Jahren seiner Ausbildung nicht viel zu sehen. Nur selten dürfen die Schüler das Konservatorium verlassen. Eigentlich nur, um in einer der vielen Kirchen feierliche Gottesdienste mit ihrem Gesang zu verschönen. Den fortgeschrittenen Schülern wird es vielleicht hin und wieder erlaubt, eine Probe im Teatro San Bartolomeo zu besuchen.

Die erste Oper, die Gaetano auf der Bühne gesehen hat, könnte *Siface* gewesen sein, mit der Musik von Francesco Feo. Pietro Trapassi, jetzt Metastasio, hat für die Aufführung im Mai 1723 ein altes Libretto umgearbeitet. Die Heldenrolle singt der Kastrat Nicolo Grimaldi, der sich Nicolini nennt. Er ist Neapolitaner, mit seinen 50 Jahren steht er schon am Ende seiner Karriere. Als Nicolini 35 Jahre alt war, ist er der erste Kastrat auf einer Londoner Bühne gewesen und hat in der englischen Hauptstadt die Etablierung der italienischen Oper eingeleitet. Er ist ein Altkastrat, mit seiner Stimme erreicht er nicht die strahlend hohen Töne, die Gaetano so selbstverständlich zur Verfügung stehen. Nicolinis Gesang hat wenig von der fast akrobatischen Beherrschung der Stimme, wie Gaetano sie bei Porpora gelernt hat. Der Kastrat der alten Schule glänzt nicht durch Triller – die beherrscht er auch, aber er setzt sie eher beiläufig ein. Seine Gesangskunst kennt keine Künstelei. Er gestaltet seine Rollen nicht nur mit seiner Stimme, jeder Körperteil spielt bei ihm mit, selbst die Fingerspitzen. Ein tauber Mensch würde an seiner Gestik den Sinn der Worte sofort verstehen.

Gaetano mag Nicolini zum ersten Mal zusammen mit Hasse gehört haben, und beide werden damals nicht gewußt haben, daß Nicolinis größter Erfolg in London die Titelrolle in der Oper eines deutschen Komponisten war. Die Oper hieß *Rinaldo*, der Komponist Georg Friedrich Händel.

Die Primadonnenrolle im *Siface* singt die Romanina, Metastasios Gönnerin Marianna Benti Bulgarelli, in deren Haus der Dichter inzwischen wohnt. Die bereits einundfünfzigjährige Sängerin ist keine besonders schöne Frau, aber eine faszinierende Persönlichkeit, die auf der Bühne immer noch überzeugen kann, und zwar ebenso durch ihre Darstellung wie durch ihre Stimme. Der großartige Erfolg der Oper führt zur Berufung Francesco Feos als Kompositionslehrer an Gaetanos Konservatorium.

Schon im Februar des folgenden Jahres hat die erste Oper Premiere, deren Handlung ganz und gar von Metastasio erdacht und gestaltet ist. Die Musik zur *Didone abbandonata*, der von Aeneas verlassenen karthagischen Königin Dido, hat der neapolitanische Komponist Domenico Sarro komponiert, ein ehemaliger Schüler des

Conservatorio Sant'Onofrio. Nach dem österreichischen Einmarsch in Neapel hatte er seine Stellung als Hofkapellmeister verloren, wurde aber inzwischen von den neuen Herren Neapels immerhin wieder als zweiter Kapellmeister eingestellt. Als Aeneas erlebt Gaetano wieder Nicolini, die Titelrolle singt die Romanina.

Bei der Gestaltung des Librettos hat die Primadonna mitgewirkt. Sie versteht sich auf Bühneneffekte ebenso wie auf die Regeln der Harmonie. Die Königin von Karthago, wie Metastasio sie mit ihr und für sie neu erfunden hat, soll nicht aus enttäuschter Liebe Selbstmord begehen. Die Romanina will eine Frau spielen, deren Berufung es ist zu lieben, die für diese Liebe alles hinzugeben bereit ist. Die von einem Mann in Verzweiflung und schließlich in den Tod getrieben wird, weil der seiner Berufung folgen muß und sich deshalb seiner Liebe nicht hingeben darf, seine Geliebte rücksichtslos opfert.

Zu Beginn der Oper erfährt der Zuschauer von Aeneas selbst, daß er sich nicht entschließen kann, Dido die Wahrheit über seine bevorstehende Abreise zu sagen. Die Götter haben ihn zur Gründung eines neuen Reiches bestimmt. In der nächsten Szene weist die karthagische Königin, die sich der Liebe des Fremdlings Aeneas sicher glaubt, die Werbung des Maurenkönigs Jarbas stolz zurück. Jarbas versucht deshalb einen Mordanschlag auf Aeneas, wird aber von Didos Wachen festgenommen und zum Tode verurteilt. Jetzt erst eröffnet Aeneas Dido seinen Entschluß, Karthago zu verlassen.

Dido glaubt, den Geliebten wieder an sich binden zu können, wenn sie ihn eifersüchtig macht. Die 14. und 15. Szene des zweiten Aktes sind die Erfindung der Romanina: Die Königin fordert Aeneas auf, sie entweder zu töten, oder zuzusehen, wie sie sich mit Jarbas vermählt. Im Beisein von Aeneas verspricht sie dem Mauren ihre Hand. Aeneas stürzt gequält von der Bühne. Sofort nimmt Dido ihr Heiratsversprechen zurück.

Nach jeder Szene gibt es viel Beifall, aber als sich die Romanina als Königin von Karthago vom Thron erhebt und die unverschämte Anmaßung des Königs von Mauretanien mit aller Würde einer Herrscherin zurückweist und ihm ihr »Son regina – ich bin eine Königin« entgegenschleudert, wird es ganz still im Theater, und nach der anschließenden Arie tobt das Publikum, daß man glauben könnte, die Decke müsse einstürzen. Gaetano erlebt hier wohl zum ersten Mal, wie die Oper alle Sinne der Zuschauer in einen Taumel versetzen, trunken und süchtig machen, geradezu Raserei hervorrufen kann.

Metastasios *Dido* wird in den folgenden Jahrzehnten immer wieder von den verschiedensten italienischen Komponisten vertont werden und die einzige Oper bleiben, die tragisch endet. Als Aeneas sich wirklich einschifft, läßt Jarbas in ganz Karthago Feuerbrände legen. Die verlassene Königin stürzt sich in die Flammen.

An den Theatern der Fürstenhöfe finden Opernpremieren meistens anläßlich eines Festes statt, am Namenstag oder Geburtstag eines Mitglieds der Herrscherfamilie oder bei einer Hochzeit. Und bei einer solchen Gelegenheit hätte man die Aufführung einer Tragödie als unangemessen empfunden. Deshalb werden mythologische Geschichten, die ein tragisches Ende haben, in der Oper normalerweise zu einem »lieto fine«, einem Happy-End zurechtgebogen.

In Gaetanos letztem Studienjahr, im Sommer 1725, erhält Hasse von einem reichen Bankier den Auftrag, für eine musikalische Soiree eine Serenata zu komponieren. Als Sänger hat er Farinelli verpflichten können, der nach Neapel zurückgekehrt ist. Seine Partnerin wird eine Altistin sein, die mit ihren erst 25 Jahren bereits eine beachtliche Karriere vorzuweisen hat. Vittoria Tesi wurde mit 18 Jahren nach Dresden engagiert. Der dortige Kurprinz, ältester Sohn Augusts des Starken, wollte seiner Hochzeitsfeier mit einer Opernaufführung besonderen Glanz verleihen. Sein letztes Junggesellenjahr hat er, wie sich das für reiche Fürstensöhne seiner Zeit gehörte, auf einer »Kavalierstour« in Italien verbracht. In Venedig lernte er die italienische Musik kennen und lieben. Er engagierte eine komplette Operntruppe, zu der auch Vittoria Tesi gehörte, die auf der Bühne des Teatro San Angelo in Männerrollen brillierte. Das war eine besondere Pikanterie zu einer Zeit, in der in den gar nicht so weit entfernten päpstlichen Staaten die weiblichen Rollen von Kastraten gesungen werden mußten, weil der Papst keine Frau auf der Bühne duldete. In der Dresdner Hochzeitsoper trat die Tesi natürlich nicht als Mann auf, das wäre dem dortigen Hof zu frivol erschienen. Aber die schlanke Sängerin mit ihrer tiefen Stimme und ihren koketten Allüren machte auch so Furore. An dem Geraune, der sächsische Kurfürst August der Starke, der zugleich König von Polen war, habe sich nicht nur von der Stimme der Tesi begeistern lassen, war sicher etwas Wahres.

Durch die Stimmen der Kastraten war das Geschlecht auf der Bühne austauschbar geworden. Die verführerisch schöne Frau mit einer in schwindelnden Höhen sich verlierenden Sopranstimme konnte ein Mann sein, der strahlende Held, der die Amazonen besiegte, von einer Frau gesungen werden. In Hasses Kantate *Antonio e Cleopatra* singt denn auch die Tesi den Part des römischen Generals, Farinelli den der ägyptischen Königin. Am Tag nach der Aufführung ist der deutsche Komponist in Neapel ebenso Stadtgespräch, wie es fünf Jahre zuvor Farinelli und Metastasio gewesen sind. Hasse erhält den Auftrag, eine Oper für die nächste Saison zu schreiben. Und wieder raunt es in Neapel: es muß etwas besonderes an diesem Lehrer Porpora sein, wenn seine Schüler so erfolgreich sind!

Hasses Erfolg beflügelt auch Gaetano. Er wird ein großer Sänger werden, das weiß er jetzt ganz gewiß.

Vielleicht lag der Schlüssel zu den erstaunlichen Resultaten von Porporas Unterricht einfach darin, daß er nicht versuchte, seinen Schülern seinen eigenen Stil, seine Technik aufzuzwingen. Er bemühte sich vielmehr, ihre natürlichen Anlagen zu entdecken. Hörte zunächst auf ihre Stimme, begann mit der eigentlichen Ausbildung erst, wenn er wußte, welche Stärken sie hatten und welche Schwächen. Sie sollten der Natur nichts abzwingen, sondern ihre Anlagen nach und nach durch überlegten und anhaltenden Fleiß verbessern, ihren Tonumfang erweitern, aber nicht auf einmal und an einem Tag. Von Monat zu Monat sollten sie einen Ton in der Höhe und Tiefe hinzugewinnen und nur die Töne singen, die sie mit Leichtigkeit hell und rein herausbringen konnten.

Vermutlich war es das, was die Anekdote von Porporas Notenblatt sagen wollte.

Der Debütant

Im Karneval 1726 soll Gaetano endlich sein heißersehntes Debüt als Opernsänger haben. Wie Farinelli ist er nach Rom engagiert worden, und auch seine erste Rolle wird eine Frauenpartie sein. 1686 hatte Papst Innozenz XI. verfügt, daß keine Frau eine Bühne betreten dürfe. Papst Clemens XI. hatte dieses Verbot in seinem Pontifikat, das von 1700-1720 währte, erneuert, mit dem verschärfenden Zusatz, daß, bei hoher Strafe, keine Weibsperson Musik aus Vorsatz lernen solle, um sich als Sängerin gebrauchen zu lassen. Denn man wisse wohl, daß eine Schönheit, die auf dem Theater singen und dennoch ihre Keuschheit bewahren wolle, nichts anderes versuche, als in den Tiber zu springen, ohne sich dabei die Füße naß zu machen.

Als sich die Postkutsche Rom nähert, sieht Gaetano als erstes die große Kuppel von St. Peter, die in der Luft zu schweben scheint. Obwohl die Kirche am tiefsten Punkt der Stadt liegt, wird ihre Kuppel der außerordentlichen Höhe wegen schon aus weitester Ferne sichtbar.

Durch die Porta del Popolo fährt er in die Stadt ein. Es ist bereits später Nachmittag, und am Corso, der schnurgerade von der Piazza del Popolo zum Venezianischen Palast führt, muß sich die Kutsche in eine endlos scheinende Kolonne anderer Karossen einreihen. Sie alle fahren den Corso auf und ab, eine hinter der anderen. Obwohl die Straße nicht sehr breit ist, hat man an beiden

Seiten noch erhöhte Steige für die Fußgänger abgezwackt, auf denen sich ein dichter Strom von Menschen in beiden Richtungen bewegt.

Gaetanos Kutsche hält am Spanischen Platz vor dem Albergo Monte d'Oro, dem Gasthaus Zum Goldenen Berg. Die Zimmer sind einfach, denn in Rom wohnt man nur vorübergehend in einem Hotel, bis man einen Palazzo gefunden hat, eine möblierte Wohnung. Der Wirt ist ein Gauner, der den Fremden das Fell über die Ohren zieht, denn er weiß, daß sie nur wenige Tage bei ihm bleiben werden. Aber der Koch ist ein Meister in seinem Fach. Gaetano gefällt besonders der herrliche Pudding, den er zubereitet hat: Rindermark, in Milch eingeweichtes Brot, Gewürze und Korinthen sind zu einem Teig geknetet, der in eine Serviette eingeschlagen und in sprudelndem Wasser gekocht wird. Danach wird der Pudding noch in einer Tortenform gebacken, damit er eine Kruste bekommt.

Von seinem Zimmer sieht Gaetano auf die neue Treppe, die noch nicht ganz fertiggestellt ist. Stolz erzählen die Römer, ihre Spanische Treppe sei die größte und breiteste Europas. Sie ist durch acht Absätze unterbrochen, geziert durch Balustraden mit langen Inschriften. Sämtliche Verkleidungen sind aus Marmor. In die Stufen bringen vor- und zurücktretende Schweifungen und doppelte Aufgänge Abwechslung. Die Treppe verbindet die tiefergelegenen Straßen, die von der Piazza del Popolo ausgehen, mit dem höher gelegenen Stadtteil. Ihre 135 Stufen sind in drei Teile geteilt. Auch in den Details der Anlage herrscht die Drei als Motiv vor, denn die Treppe führt hinauf zur Kirche der Heiligen Dreifaltigkeit.

Der Kastrat Gaetano Berenstadt

Der Komponist der Oper *Il Valdemaro*, in der Gaetano die Rolle der Alvida singen soll, ist Domenico Sarro, der vor einem Jahr für Neapel Metastasios *Dido* vertont hat. Das Teatro delle Dame, in dem der *Valdemaro* gespielt wird, ist gerade renoviert und vergrößert worden. Es liegt unterhalb der Villa Medici, nur wenige Schritte vom Spanischen Platz entfernt.

Bevor die Theaterzettel an den Hauswänden des Corso angeklebt werden können, muß sich der junge Debütant einen Künstlernamen zulegen. Er erinnert sich an seinen ersten Lehrer, den Maestro Caffaro, von dem er seit seinem Eintritt in das neapolitanische Konservatorium nie wieder etwas gehört hat, und nennt sich Caffarellino.

Im *Valdemaro* geht es um einen Sohn des Gotenkönigs, der sich weigert, die verbrecherischen Machenschaften seiner Stiefmutter zu unterstützen, deshalb nach Verleumdungen eingekerkert und zum Tode verurteilt wird. Die Titelrolle singt der Altist Gaetano Berenstadt. Berenstadt ist schon 36 Jahre alt. Er wurde als Sohn deutscher Eltern in Florenz geboren, wo sein Vater Pauker in der Kapelle des Großherzogs der Toskana war. Berenstadt hat, außer in vielen italienischen Städten, in Düsseldorf, Dresden und London gesungen. In London war er zweimal für eine Spielzeit an die Königliche Musikakademie engagiert, die Georg Friedrich Händel leitet. Er hat, und das ist seltsam bei einem Kastraten, der eine gewisse Karriere gemacht hat, überhaupt nicht den Ehrgeiz, erste Rollen zu singen. Man könnte auf den Gedanken kommen, sein Aussehen habe ihn dazu gebracht, auf Heldenrollen zu verzichten, denn er hat eine Figur, die man nur als unförmig bezeichnen kann. An einem gewaltigen Rumpf hängen viel zu kurze Arme, die Beine sind dagegen extrem lang. Solche Disproportionen sind nicht selten bei Kastraten. Als Folge der Operation verändert sich ihr Körperbau im Alter von etwa 30 häufig so, daß sie wie Monster aussehen.

Als Caffarelli im Direktionszimmer des Teatro delle Dame seinem Kollegen Berenstadt vorgestellt wird, ist er ganz verblüfft, daß aus diesem Koloß ein halbes Kinderstimmchen herausschallt. Obwohl er selbst auch eine hohe Sprechstimme hat, fällt sie ihm bei Berenstadt auf. Mit etwas Nachdenken hätte er auf den Gedanken kommen müssen, daß die monströse Gestalt, die er da vor sich sieht, ein Menetekel für seine eigene Zukunft ist, daß er selbst damit rechnen muß, in ein paar Jahren ebenso unförmig und feist zu werden, er, der sich so viel darauf einbildet, schön und attraktiv zu sein. Und Caffarelli ist mit seinen noch nicht einmal 16 Jahren wirklich schön.

Als er zum ersten Mal sein Kostüm anprobiert, werden seine Brüste mit einem breiten Leinenband leicht in die Höhe gehoben. Ein auf Maß gearbeitetes Korsett schnürt ihn an den Hüften etwas ein, gerade nur so viel, daß es nicht unbequem ist. Sein reich besticktes Kleid hat weite Puffärmel, unten ist eine lange Schleppe angenäht, die geschickt hinter sich herzuziehen er erst lernen muß. Die Perücke mit gezwirbelten Schläfenlocken hat einen zierlichen Hutaufsatz mit der Andeutung eines Schleiers.

Es dauert nicht lange, da kann Caffarelli sich in den ungewohnten Kleidern perfekt bewegen. In den Caféhäusern am Corso hat er die Gesten und das Betragen der Frauen genau studiert. Er hat den Ehrgeiz, auf der Bühne eine vollkommene Frau zu sein. Es ist, als ob er sich seines Geschlechts vollkommen entäußern wolle, und es gelingt ihm wirklich, auf der Bühne schöner zu sein als die schönste Frau von Rom. Daß er etwas größer ist, als Frauen normalerweise zu sein pflegen, fällt fast gar nicht auf. Manche Zuschauer finden gerade das besonders erregend, zumal, wenn er auf der Bühne die scheue und keusche Schönheit spielt.

Caffarelli hat beim römischen Publikum einen Erfolg, der dem Farinellis fünf Jahre zuvor in nichts nachsteht. Der Klang seiner Stimme, die Perfektion seines Gesangs und zu allem sein Aussehen führen zu enthusiastischer Begeisterung. Für die Zuschauer entsteht eine besondere Form der Illusion, denn sie wissen, daß der Darsteller auf der Bühne keine Frau ist, nur eine Frau vorstellt. Ein junger Mann, fast noch ein Kind, versunken in Eigenliebe, stellt mit aller Kunst dar, was er an den Frauen gesehen hat, in ihnen zu sehen glaubt. Er spielt nicht sich selbst, nicht das Bild, das er von sich hat, wie der männliche Held, wie die weibliche Primadonna es tun würden. Er spielt eine dritte, eine eigentlich fremde Natur. Die Zuschauer lernen diese Natur um so besser kennen, weil der Sänger sie beobachtet, sie sich ausgedacht hat. Sie empfinden das Vergnügen, auf der Bühne nicht eine Frau, sondern die Nachahmung einer Frau zu sehen. Und die Nachahmung ist wirklicher, als die Wirklichkeit je sein könnte.

Wir denken vielleicht, daß ein als Frau verkleideter Mann sofort als solcher erkannt wird, wenn er nur ein wenig Brust sehen läßt. Aber gerade dadurch bezaubert Caffarelli seine Zuschauer. Nur wenige Frauen haben eine reizendere Brust, als sie aus dem Mieder seines Kostüms hervorquillt. Niemand in Rom kann sich gegen die Täuschung wehren, die Caffarelli im künstlichen Licht der Bühne aufkommen läßt, er hätte denn ein unempfindlicher Deutscher sein müssen.

Nicht nur Caffarellis Brüste sind stark und fest geworden. Auf seinen Hüften hat sich etwas Fett angesetzt, gerade so viel, daß sich Rundungen ergeben, die jeder, der sie zu sehen bekommt, als entzückend bezeichnen muß. Das sei eine Folge der Operation, hat ihm ein Arzt gesagt, der ihn offenbar nicht nur seiner Stimme wegen verehrt.

Wenn Caffarelli während des Orchestervorspiels, das seine erste Arie einleitet, auf der Bühne auf und ab geht, wirkt allein dieses Schreiten schon aufreizend. Und wenn dann auch noch sein Blick die Logen absucht und auf jeder einen kurzen Moment zu verweilen scheint, dann hat jede Frau, jeder Mann das Gefühl, daß dieser Blick sie oder ihn, und nur ihn oder sie allein, gesucht hat.

Bereits vor der zweiten Vorstellung findet Caffarelli in seiner Bühnengarderobe eine Schar von Verehrern, die miterleben wollen, wie aus dem Jungen die angebetete Primadonna wird. Eine Dame, die zumindest so aussieht, als ob sie aus vornehmem Hause kommt, hat ganz selbstverständlich die Rolle der Favoritin für sich beansprucht. Caffarelli sitzt vor dem Toilettenspiegel, wirft ab und zu kokette Blicke in den Raum, wo er unter den Verehrern auch einen Prälaten sieht, dessen Kleidung anzeigt, daß er einen höheren kirchlichen Rang innehat. Läßt Caffarelli gelegentlich ein paar Töne aus seiner

Kehle kommen, als sei er dabei, seine Partie zu memorieren, werden sie sofort von seinen Bewunderern mit Seufzern der Begeisterung aufgefangen.

Alle im Raum versuchen, durch einen kleinen Dienst bei der Verkleidung behilflich zu sein, nur, um eines Blicks gewürdigt zu werden. Jeder bemüht sich, vorab zu erkennen, was seine Gottheit als nächstes brauchen wird. Und jeder sieht im anderen einen Nebenbuhler, sucht ihm zuvorzukommen. Und wenn er einen flüchtigen Blick aus den Augen Caffarellis erhascht, dann macht ihn das stolz für den ganzen Abend. Natürlich hat auch jeder Verehrer ein kleines Präsent mitgebracht, eine Blume, einen Diamanten oder ein Accessoire, das dem Geschlecht gebührt, das Caffarelli auf der Bühne darstellt.

Die Römer übertragen die Illusion des Theaters ins Alltagsleben. Caffarellis wahres Geschlecht wird nicht zur Kenntnis genommen. Überall wird er nur mit seinem weiblichen Rollennamen angesprochen. Es ist Karneval in Rom, in der ganzen Stadt laufen Masken herum, und so behandelt man ihn auf der Straße und in den Caféhäusern wie ein Mädchen, das sich als Mann verkleidet hat.

Anfangs gefällt dem jungen Caffarelli die Koketterie, doch bald wird er das Spiel mit der angeblichen Travestie leid. Er weiß inzwischen, was die Operation an ihm verändert hat, weiß, daß nicht nur seine Stimme ihn von anderen Männern unterscheidet. Aber er weiß es auch wieder nicht. Mit niemandem traut er sich, darüber zu sprechen. Um sich herum hört er nur Anspielungen, und wenn er genau hinhört, dann stellt er fest, daß auch die anderen nichts wirklich wissen und vielleicht gerade deshalb so intensiv darüber reden.

Wenn er auf dem Corso von jungen Männern als Mädchen angemacht wird, wenn sie mit ihm flirten, wie sie das bei einem wirklichen Mädchen kaum wagen würden, dann weiß er, daß das nur Getue ist. Wenn aber einer der zu Tausenden in Rom herumlaufenden Kleriker ihn lüstern anschaut, dann spürt er, daß das ernst gemeint ist. Er wundert sich bald, wie viele Männer ihm in Rom den Hof machen. Weist ein Mann den Verdacht, er habe einen Hang zu Kastraten, von sich, dann tut er es so schwach, und mit einer so auffallenden Gleichgültigkeit, daß man den Eindruck haben muß, er würde es ungern sehen, wenn man ihm glaubte. Diese so offensichtlich kaum verleugnete Neigung nennt man in Rom »il peccato nobile«, die vornehme Sünde.

In Gesellschaft hört Caffarelli dieselben Männer, die ihn so unverschämt anmachen, gegen die Laster des Jahrhunderts sich ereifern. Und nicht selten sieht er in den Kirchen einen Priester, der ihn auf der Straße mit unverhohlener Begierde angestarrt hat, am Altar knien und sein heiliges Amt mit inbrünstiger Andacht verrichten.

Die meisten Kleriker in Rom, hat Caffarelli bald den Eindruck, tragen die geistliche Kleidung, ohne wirklich in kirchlichen Diensten zu sein, sozusagen als eine Art preiswerter Uniform. Sie erspart die unsinnigen Ausgaben für teure Gewänder mit kostbaren Tuchen und Spitzen. Auch Metastasio, der inzwischen als Librettist in Rom lebt, trägt immer das schwarze Gewand eines Priesters, läßt sich Abbate titulieren. Als Sechzehnjähriger hat er allerdings tatsächlich die niederen kirchlichen Weihen erhalten.

Falls Caffarelli seinen ehemaligen Mitschüler in Rom

getroffen hat, wird Metastasio ihn sicherlich auf den Campo Vaccino geführt und ihm erklärt haben, daß hier, auf dem »Forum Romanum«, einst das Herz des römischen Weltreichs schlug. Metastasio lebt geradezu in dieser Zeit. Die historischen und mythologischen Gestalten der Antike sind ihm zu märchenhaften Phantasiefiguren geworden. Aus ihren Schicksalen gewinnt er die Handlung für seine Operndichtungen.

Der Triumphbogen des Severus steckt bis zum Kranzgesims des großen Mitteltors in der Erde, die beiden Seitentore fast bis zum Scheitel ihrer Bögen, durch die man nicht mehr gehen kann. Alles liegt völlig verwahrlost durcheinander, das Forum ist ein einziger Trümmerhaufen. Erstaunlich, daß man in Rom, wo so viel geschieht, um der Stadt Pracht zu verleihen, noch nicht darauf kam, den weiten Platz von Schutt und Erdreich freizulegen, die alten Denkmale auszugraben, sie wieder aufzurichten, zu erhalten, also diesem Flecken Erde, der so viel Schönes aus alter Zeit birgt, ein ansehnliches Aussehen zu geben.

Die weite Fläche zwischen Kapitol und Kolosseum ist am Nachmittag fast immer voller Menschen, die zwischen den Trümmern flanieren. Man scheut sich wohl, das Volk an einer so belebten Stelle durch derlei Ausgrabungsarbeiten zu stören.

Hinter dem Kolosseum geht Metastasio am Esquilin noch mit Caffarelli in die Kirche San Pietro in Vincoli, um ihm die Moses-Statue Michelangelos zu zeigen. Fast wie ein Riese sitzt er da, mit einem Bart bis auf den Gürtel, in langer Tunika, die Füße nach Barbarenart bekleidet, mit zwei vorspringenden Hörnern und einem wahren Bocksgesicht. Die nackten Arme sind stark gemuskelt. Die ganze Statue mag vielleicht schön sein nach den Regeln, und sie zeigt ein großes bildhauerisches Können, aber Metastasio findet sie doch, wie die meisten Werke Michelangelos, roh und ohne Geschmack.

Er zeigt Caffarelli sicher auch den Hermaphroditen in der Villa Borghese, den man in den Gärten des Sallust gefunden hat. Der Oberkörper ist wie bei einer Frau, der Unterkörper wie bei einem Mann gestaltet. Der Zwitter liegt wollüstig träumend auf einem Polster aus weißem Marmor, das Bernini gemacht hat. Die Figur ist so modelliert, daß man stets nur ein Geschlecht mit einem Blick bemerken kann. Die Hauptansicht, in der sich die Linien dem Auge am vollkommensten darbieten, ist vom Rükken, dessen zartes Fleisch mit besonderem Raffinement behandelt ist.

Rom wimmelt von Ausländern. Die Engländer bilden die größte Kolonie. Sie geben viel Geld aus und werden von den Römern deshalb sehr hofiert, aber nur, weil sie reich sind. Im Grunde ihres Herzens bewundern die Italiener die Deutschen, und keine Nation ist unbeliebter als die Franzosen, weil sie überall mit lauter Stimme ihre Art zu leben über die anderer Völker stellen und rücksichtslos alles tadeln, was anders als bei ihnen gemacht wird.

Caffarelli, in Neapel während der letzten sechs Jahre mehr oder weniger in den Mauern des Konservatoriums eingeschlossen, steht in Rom im Mittelpunkt des Interesses auch der Ausländer. Es hat sich erfüllt, was er sich immer gewünscht hat. Eigentlich hat er es sich gar nicht wünschen können, denn wie hätte der kleine Gesangsschüler wissen sollen, was die reichen Damen und Herrn in ihren Palästen so alles treiben.

In einen zwei Jahre älteren Sängerkollegen, der im Teatro Capranica in der Nähe des Pantheon die Primadonnenrolle singt, hat sich, wie in den Cafés am Corso getuschelt wird, ein französischer Tourist verliebt, der kein Wort Italienisch spricht und über die römischen Theaterbräuche nicht informiert ist. Einen Monat lang führt der Kastrat den Franzosen an der Nase herum, macht ihm Hoffnungen, hält ihn hin, und als er endlich in großer Gesellschaft, schon leicht angetrunken, sein wahres Geschlecht sichtbar enthüllt, will der arme Franzose nicht glauben, was er sieht und stürzt wie ein Wahnsinniger davon. Man erzählt sich, daß er tatsächlich den Verstand verloren habe.

Dabei ist der Franzose, der auch ein oder zwei Mal in Caffarellis Garderobe erschienen ist, eigentlich ein ganz sympathischer und freundlicher junger Mann gewesen, nicht so arrogant wie der blasierte Lord aus England.

Der englische Lord ist für seine Abendgesellschaften berühmt. Auch Caffarelli wird eingeladen. Einmal ist er hingegangen. Der große Saal in dem Palast, den der Lord für seinen Aufenthalt in Rom gemietet hat, war verschwenderisch beleuchtet, allein die Kerzen mußten ein Vermögen gekostet haben. Unmengen an feinen Sorbetts mit Zimt und Süßigkeiten wurden gereicht, ganz anders als bei den italienischen Adligen, bei denen man nichts zu essen und meist nur fade Limonade zu trinken bekommt. Beim englischen Lord floß der Wein in Strömen. Als alle schon ziemlich betrunken waren, lud er seine Gäste zu einem Wettspiel ein, das Caffarelli überhaupt nicht amüsant finden konnte, nicht nur, weil er sich selbst als mögliches Objekt dieses geschmacklosen Spiels ansehen mußte.

In einem Nebenzimmer hatte sich der Kastrat, der den Franzosen so lange hingehalten hatte, bäuchlings nackt auf einen Tisch gelegt. Neben ihm lag, ebenfalls nackt, ein etwa gleichaltriges Mädchen. Ihre Köpfe waren bis zum Hals mit einem Tuch verdeckt. Man sah nur die Kurven ihrer Schultern, die Beuge ihres Rückens, ihre Hüften und Schenkel. Beide sahen gleich zierlich aus, es war wirklich schwer zu entscheiden, wer von ihnen der Mann, wer die Frau war. Caffarelli sah sofort, daß der Hermaphrodit der Villa Borghese die Inspiration für dieses Spiel geliefert hatte.

Der englische Lord machte eine Bank auf, seine Gäste setzten hohe Geldbeträge auf die beiden Nackten. Wer ihr Geschlecht richtig erriet und den höchsten Einsatz geleistet hatte, sollte sich mit dem Mädchen oder dem Kastraten vergnügen dürfen, ganz wie es ihm lieber war. Als sich das Wettspiel in eine allgemeine Orgie aufzulösen begann, verließ Caffarelli angeekelt den Palast.

Er ist beinahe froh, als er nach zwei Jahren Rom ein Engagement in Turin erhält und die sündige Hauptstadt der päpstlichen Staaten verlassen kann. Turin ist die Metropole des Königreichs Sardinien und bietet Caffarelli, der inzwischen 18 Jahre alt ist, die provinziellen Attraktionen einer Residenzstadt. Anfangs gefällt es ihm, sich bei Hofe einzufinden und morgens regelmäßig an der Messe des Königs teilzunehmen. Er empfindet es als Auszeichnung, sich mit dem Fürsten Vittorio Amadeo von Savoyen und seinem prachtvollen Gefolge in derselben Kirche zu sehen.

Vielleicht ist es aber auch seine Leidenschaft für die Musik, die während des Gottesdienstes aufgeführt wird, was ihn jeden Morgen in die Messe treibt. Denn die Kapelle des Königs von Sardinien gilt als die beste Europas.

Auch in Turin ist Caffarelli als Primadonna engagiert. In *Arianna e Teseo* singt er die von Theseus verlassene kretische Königstochter Ariadne. Die Oper hat Francesco Feo komponiert. Der fast vierzigjährige Neapolitaner, der während Caffarellis Ausbildung die Leitung der Kompositionsklasse am Conservatorio Sant'Onofrio übernommen hat, wird die Verpflichtung des jungen Kastraten vorgeschlagen haben.

Das Schnupftabakattentat

Caffarelli ist zwanzig Jahre alt, als er erneut nach Rom engagiert wird. Er hat inzwischen in Turin und Mailand, in Florenz und Pistoia gesungen, darf sich Kammersänger des Großherzogs der Toskana nennen. Er ist nicht nur vier Jahre älter geworden, er singt jetzt in den Opern die Heldenrollen. Anfangs versucht der eine oder andere Römer den »Fachwechsel« der ehemaligen Primadonna ins Lächerliche zu ziehen, doch nach der Premiere von Porporas *Mitridate* im Teatro Capranica Anfang Januar 1730 verstummen die Spötter, obwohl die Aufführung zu hämischen Kommentaren hätte Anlaß geben können. Wie häufig in den römischen Opernhäusern waren die Dekorationen nicht fertig geworden oder so schlecht aufgehängt, daß an vielen Stellen die nackten Wände des Bühnenhauses zu sehen waren.

Zwei Tage nach Porporas *Mitridate* hat im Teatro delle Dame, in dem Caffarelli vier Jahre zuvor sein Debüt gehabt hat, Leonardo Vincis *Alexander in Indien* Premiere. Vinci, etwa 10 Jahre jünger als Porpora, stammt auch aus Neapel und ist in den letzten Jahren mehrfach in direktem Wettbewerb gegen Porpora angetreten. Rom und auch Venedig haben mehrere Opernhäuser, und in beiden Städten werden die Theater kommerziell betrieben, nicht, wie in den Residenzen, von Fürstenhäusern alimentiert oder gar ganz finanziert. Die Kasse bestimmt deshalb das Fortbestehen der Theater. Komponisten und Sänger müssen sich der Abstimmung durch die Zuschauer stellen. Nun hatten konkurrierende Theater in Venedig und Rom mehrmals für die gleiche Saison eine Oper bei Porpora und bei Vinci in Auftrag gegeben. So sind die beiden Komponisten, anfangs eher unfreiwillig, zu Rivalen geworden. Jeder möchte erreichen, daß seine Oper den größeren Beifall hat, für mehr Gesprächsstoff sorgt, mehr Zuschauer ins Theater lockt.

Der Erfolg einer Oper war nicht nur von der Qualität der Musik und der Sänger abhängig, es kam vor allem darauf an, eine Anhängerschaft zu haben, die tagsüber in den Caféhäusern über das Stück redete und in höchsten Tönen die Meisterschaft der Komposition, der Aufführung und der Interpretation lobte.

Nun hatten im Januar 1730 in Rom die beiden Opern von Vinci und Porpora, man kann es nicht anders sagen, einen gleich großen Erfolg. Damit hätten die Komponisten, ihre Sänger und ihr Anhang zufrieden sein können. Doch beide ärgerten sich, daß ihr Werk nicht über das des Rivalen triumphiert hatte. Vor allem deshalb, weil von beiden Komponisten in derselben Karnevalssaison eine zweite Oper vorgesehen war. Porporas *Siface* sollte am 2. Februar herauskommen, Vincis *Artaserse* eine Woche später Premiere haben.

Einige von Porporas Anhängern, die seinen *Siface* schon ein paar Jahre vorher in Mailand und Venedig gehört hatten, erzählten nun überall, wie sehr der *Siface* Porporas *Mitridate* noch übertreffe. Mit den Arien, die der Komponist für Caffarelli hinzukomponiert habe, müsse er geradezu himmlisch sein, er werde alles in den Schatten stellen, was man bisher gehört habe.

Es war in Rom üblich, daß schon zu den Proben Publi-

Der Komponist Leonardo Vinci

kum ins Theater kam. Wer Opernmusik hören wollte, konnte dies nur im Theater, die mechanisierte Wiedergabe von Musik war ja noch nicht erfunden. Man lernte bei den Proben die Musik kennen, hatte dadurch die Möglichkeit, schon frühzeitig mitreden zu können. Der Erfolg – oder Mißerfolg – einer Oper stand deshalb meistens schon vor der Premiere fest. Spätestens die Generalprobe, die immer gut besucht war, entschied über die Publikumsgunst, über die Kasse des Opernhauses und damit auch über weitere Aufträge an den Komponisten.

Im Fall des *Siface* allerdings reden die Anhänger Porporas sein Werk schön, bevor in Rom irgend jemand auch nur einen Ton der Musik zu hören bekommen hat. Schon Tage vor der Generalprobe erwecken sie eine so hohe Erwartung in die Oper, daß selbst das größte Meisterwerk diese Erwartung kaum würde erfüllen können. Es ist eigentlich abzusehen, daß gerade diese Lobhudelei den Erfolg beeinträchtigen muß. Trotzdem ist Porporas Rivale Vinci besorgt, die Komposition seines Nebenbuhlers werde allen Beifall auf sich ziehen, und er müsse mit seinem *Artaserse* in Bausch und Bogen untergehen.

Vinci bespricht mit seinen Anhängern, was zu tun sei, um das drohende Desaster abzuwenden. Alle reden auf ihn ein, die Qualität seiner Musik sei doch so ohne allen Zweifel über die etwas betuliche Art des Porpora erhaben, daß er sich keine Sorgen zu machen brauche. Wenn Porpora ihm überhaupt etwas voraus habe, dann sei es allenfalls sein erster Sänger, dieser Caffarelli. Der, das müsse ihm der Neid lassen, sei wirklich ein ganz außerordentliches Talent. Aber das Übermaß an Verzierungen, mit denen Porpora seine Sänger ihre Kunstfertigkeiten vorführen lasse, verdecke doch nur seine musikalische Belanglosigkeit. Und das würden die Römer, die Kenner seien, sofort durchschauen. Wie ärmlich die Musik Porporas gegenüber der von Vinci sei, werde ihnen nicht verborgen bleiben. Es sei geradezu ein Vorteil, daß Porporas Oper eine Woche vor dem *Artaserse* aufgeführt werde.

Porporas Kompositionen seien doch eigentlich Musik für den Zirkus, Musik für Akrobaten. Vinci dagegen lenke die Aufmerksamkeit des Publikums auf die Schönheit der Gesangsstimme, ohne sie durch Fugen, Triller und angestrengte Virtuosität zu belasten. Nur seine Arien hätten echte Dramatik, nur er verstehe es, die Worte der Dichtung mit seiner Musik zu einer Einheit zu verschmelzen. Als erster habe er erkannt, daß man mit Tönen die Regungen des Herzens malen könne. Und er erfinde die schönsten Melodien der Welt, ohne dabei zu künsteln.

Vinci verwendet für seine Opern übrigens meist Texte von Metastasio, der im letzten Sommer einen ebenso ehrenhaften wie finanziell lukrativen Ruf nach Wien als Hofpoet des Kaisers angenommen hat und in Rom gerade damit beschäftigt ist, die Übersiedlung an seinen neuen Wirkungsort vorzubereiten.

Je näher der Tag von Porporas Premiere heranrückt, um so unsicherer wird Vinci. Alles gute Zureden seiner Freunde kann ihn nicht beruhigen. Er zermartert seinen Kopf, wie er den sicheren Mißerfolg seiner Oper abwenden kann. Er überlegt ernsthaft, durch Mittelsmänner

150 Einlaßkarten für die Generalprobe von Porporas Oper aufzukaufen und sie an seine Anhänger zu verteilen, die dann mit Trillerpfeifen und anderem Lärm die Probe stören sollen. Aber er verwirft den Gedanken, bevor er ihn zu Ende gedacht hat, vor allem, weil eine solche Aktion einfach zu teuer käme.

Zufällig kommt in diesen Tagen der Kastrat Gaetano Berenstadt, der bei Caffarellis Debüt den Valdemaro gesungen hat, nach Rom. Seit 1727 lebt er in Neapel und ist von Vinci, der sein kultiviertes Singen und seine Intelligenz schätzt, häufig zu Gastspielen nach Rom und Venedig engagiert worden. In Neapel hat Berenstadt vor kurzer Zeit einen eigentlich eher belanglosen Streit mit Porpora gehabt. Aber wie es gelegentlich geschieht, im Wortgefecht haben sich die beiden gegenseitig in Rage geredet, und irgendwann hat der Komponist dem Kastraten ein »porco tedesco – du deutsches Schwein« an den Kopf geworfen. Vielleicht hat er noch andere Beleidigungen folgen lassen, für einen Kastraten gab es in allen Sprachen genügend anzügliche Bezeichnungen. Jedenfalls hat Berenstadt seitdem einen gewaltigen Haß auf Porpora, wartet nur auf einen geeigneten Moment zur Rache. Jetzt scheint ihm der Zeitpunkt gekommen.

Er redet Vinci gut zu, er solle sich keine Sorgen machen. Er, Berenstadt, werde die Sache in die Hand nehmen. Er wolle wirklich ein deutsches Schwein sein, wenn ihm nicht die richtige Methode einfiele, wie sich die Oper Porporas ruinieren ließe.

Für die Generalprobe des *Siface* mietet Berenstadt die Plätze einer Loge im obersten Rang. In einem Laden für ausländische Luxusartikel ersteht er einige Pfund vom feinsten spanischen Schnupftabak. Zu Hause schneidet er sorgfältig kleine quadratische Papierstücke aus, bedeckt jedes mit ein paar Tabakkrümeln und formt sie zu dünnen Röhrchen. Dann kneift er das Papier an beiden Enden leicht zusammen. Er hüllt sich in einen langen schwarzen Mantel, setzt einen breitkrempigen Hut auf, der sein Gesicht unkenntlich macht und fährt mit einer Kutsche zum Theater. Über die Seitenstiege, die in den obersten Rang führt, geht er sofort in seine Loge, verschließt sie von innen. Er löscht das Öllicht, das den Zuschauern ermöglichen soll, den Text im Libretto zu verfolgen, drückt sich eng an die seitliche Trennwand, so daß er im Zuschauerraum kaum zu sehen ist.

Das Theater ist fast bis auf den letzten Platz gefüllt. Im Parkett hat sich die Claque Porporas versammelt, die gekommen ist, die Oper mit ihrem Beifall in den Himmel zu heben. Schon bei den ersten Musiknummern gibt es ein zustimmendes Raunen, nach Caffarellis erster Arie laute Bravorufe. Die sind das Stichwort für Berenstadt. Er beugt sich ein wenig über die Logenbrüstung und bläst aus ein, zwei Röhrchen den Tabak ins Parkett hinunter. Zuerst spüren die dort Sitzenden nur einen leichten Staubregen. Berenstadt pustet weiter, und jetzt kommt ihm zugute, daß durch die Gesangstechnik seine Lungen große Kraft entwickeln können. Der feine Tabakstaub verbreitet sich im ganzen Parkett, wird auch in die unter Berenstadt liegenden Logen geweht. Die Theaterbesucher schauen in die Höhe, um zu sehen, woher dieser sonderbare Regen kommt. Dadurch kann der Tabak ungehindert in die aufgerichteten Nasenlöcher dringen. Die ersten Zuschauer beginnen zu niesen. Berenstadt spornt

das nur an, seine Tabakpatronen noch schneller abzu-
feuern.

Caffarelli ist durch die Unruhe im Parkett sehr irritiert,
denn auf der Bühne läßt sich der Anlaß für das allgemeine Gemurmel nicht erkennen. In Italien ist es während einer Opernaufführung im Saal zwar selten völlig
still, es ist ein dauerndes Kommen und Gehen, Flüstern
und Getuschel, geräuschvoll wird in den Libretti geblät-
tert, aber eine solche Unruhe hat er bisher noch nicht
erlebt. Er glaubt, sie richte sich gegen ihn. Noch ist er
nicht der große Star, der sich seines Erfolges in Rom jederzeit sicher sein kann.

Je mehr die Zuschauer in die Höhe sehen, um so stärker wird ihr Niesen. Zu dem allgemeinen Gemurmel
kommt bald das Geschrei der Damen, die den Ruin ihrer
eben noch blütenweißen Spitzen beklagen. Schließlich
dringt der Tabak auch auf die Bühne. Es ist Caffarelli fast
unmöglich, weiter zu singen. Aber es hört ohnehin kaum
noch jemand auf die Musik. Bevor der erste Akt zu Ende
ist, haben die meisten Besucher der Generalprobe ihr
Heil in der Flucht gesucht.

Porpora versucht noch, sich und den Sängern Mut zu
machen. Es sei ja nur eine Probe gewesen, zur Premiere
werde so etwas nicht wieder passieren. Aber weil niemand die Musik gehört hat, also auch niemand den
Besuchern der ersten Aufführung schon im voraus sagen
kann, wie ihnen die Oper zu gefallen habe, erhält Porporas *Siface* einen gewaltigen Stoß.

Eine Woche später wird Vincis *Artaserse* zum ersten Mal
aufgeführt. Berenstadts Kalkül geht auf, die Oper wird

umjubelt, in den Caféhäusern spricht man nur von *Arta-serse*. Caffarelli hört auch immer wieder Lobeshymnen auf einen jungen Kastraten, der in Vincis Oper debütiert hat. Er ist in Neapel von Domenico Gizzi ausgebildet worden. Gizzi ist Tenor, hat bei Caffarellis Debüt im *Valde-maro* eine kleine Rolle gesungen. Zusammen mit Porpora hat er auch Komposition studiert, aber im selben Jahr, in dem Porpora durch den Erfolg Farinellis endlich auch als Komponist anerkannt wurde, hat Gizzi das Komponieren aufgegeben, um nur noch Gesang zu unterrichten. Sein Schüler Gioacchino Conti ist vier Jahre jünger als der jetzt zwanzigjährige Caffarelli. Er nennt sich nach seinem Lehrer Gizziello. Porpora mag erst dadurch aufgefallen sein, daß weder Farinelli noch Caffarelli aus Dankbarkeit für ihren Lehrer den Künstlernamen Porporino gewählt haben, und er ärgert sich im nachhinein gewaltig darüber.

Caffarelli beschließt, sich Vincis Oper anzuhören. Vielleicht will er sich selbst überzeugen, ob dieser Gizziello ein ernsthafter Rivale werden könnte, vielleicht hat ihn Metastasio überredet, seine neue Oper anzusehen. Vinci ist der erste, der den *Artaserse* vertont hat, in Kürze wird in Venedig Hasses Version Premiere haben, in der Farinelli die Hauptrolle singen soll.

Metastasio erzählt im *Artaserse* die Geschichte Arbaces, der ein Freund des persischen Prinzen Artaserse (Artaxerxes) ist und in dessen Schwester Mandane verliebt. Arbaces Vater Artabano, Präfekt der Leibwache des Königs Xerxes, will seinem Sohn den Thron verschaffen und plant deshalb die Ermordung der ganzen Königsfamilie. Es gelingt ihm, Xerxes und den Thronfolger Darius umzubringen. Arbace will jedoch von den Machenschaften seines Vaters nichts wissen. Um seinen Sohn zu zwingen, an der Verschwörung teilzunehmen, sorgt Artabano dafür, daß die Mordwaffe in den Gewändern Arbaces gefunden wird. Artaserse und Mandane sind von seiner Schuld überzeugt. Er könnte mit einem Wort jeden Verdacht beenden – aber dann müßte er seinen Vater verraten. Eine Szene der gespaltenen Loyalität, wie Metastasio sie liebt. Seine Helden entscheiden sich in solchen Situationen immer gegen das Gefühl und für die Natur. Oder vielmehr für das, was Metastasio für das »Natürliche« hält. Die Verpflichtung dem Vater gegenüber steht höher als Freundschaft und Liebe, das Schicksal des Staates hat Vorrang vor privatem Glück.

Caffarelli besucht die zweite Vorstellung des *Artaserse*. Wie Berenstadt versucht er, unerkannt zu bleiben, wickelt sich in einen kostbaren Pelzmantel ein, geht im Theater sofort in seine Loge, versteckt sich hinter dem Vorhang. Porpora soll nicht erfahren, daß sein erster Sänger die Oper seines Rivalen Vinci besucht und neugierig ist, wie der Schüler seines Konkurrenten Gizzi singt.

Caffarelli bemüht sich, Gizziellos erster Arie betont gleichgültig zuhören. Aber die dramatische Szene auf der Bühne, dazu Vincis Musik, die wirklich der Porporas weit überlegen ist, der reine und helle Sopran Gizziellos – es gelingt Caffarelli nicht, unbeeindruckt zu bleiben. Erwartungsvoll, weit aus seiner Loge vorgebeugt, lauscht er der zweiten Arie Gizziellos. Als sie beendet ist, vergißt er alle Vorsicht, vergißt sein Versteckspiel, springt von seinem Sitz auf, klatscht begeistert in die Hände und schreit mit seiner hohen Kastratenstimme: »Bravo, bravissimo, Gizziello! Es ist Caffarelli, der dir Beifall klatscht!«

Die Geschichte verbreitet sich in Rom wie ein Lauffeuer. Sie wird bald in ganz Italien kolportiert, wird immer und immer wieder neu erzählt, dabei verändert und ausgeschmückt. Wenige Jahre später hat sich diese Version allgemein durchgesetzt: Caffarelli habe in Neapel von einem neuen Sänger gehört, dessen Ruhm sich von Rom aus über ganz Italien verbreitet hatte. Ihn habe die Neubegierde so sehr wie der Neid gereizt, sich selbst von diesem Stimmwunder zu überzeugen, und als er in Neapel an einem Tag vorstellungsfrei hatte, sei er über Nacht mit der Postkutsche nach Rom gefahren, habe den ersten Akt der Oper angehört, nach Gizziellos Arie, wie berichtet, seinen Beifall ausgedrückt, und augenblicklich das Theater verlassen. Noch in derselben Nacht sei er nach Neapel zurückgekehrt, wo er den folgenden Abend bereits wieder auf der Bühne gestanden habe.

Porpora fühlt sich durch den Beifall, den Caffarelli seinen Konkurrenten, dem Gesanglehrer und dem Komponisten, gespendet hat, zutiefst beleidigt. Es kommt zwar noch nicht zum Bruch, aber in Rom beginnt ein im Laufe der Zeit immer tieferes Zerwürfnis zwischen Porpora und seinem einstigen Lieblingsschüler.

In der Woche vor dem Aschermittwoch, und nur diese sieben Tage lang, sind in Rom Masken erlaubt, von zwei Uhr bis um fünf Uhr am Nachmittag. Bei Einbruch der Dunkelheit muß jeder wieder mit unbedecktem Gesicht gehen. In den drei Stunden ist der Corso voll von Menschen. Jeder darf sich so toll gebärden wie er will. Außer Prügeleien und Messerstechereien ist eigentlich alles erlaubt.

In zwei Reihen fahren in beiden Richtungen reichgeschmückte Wagen. Auf den Gehwegen sieht man Masken zu Fuß, darunter nicht nur Leute aus dem Volk, auch Vornehme und Prälaten, selbst Kardinäle mischen sich darunter. Alle singen, treiben allerhand Unfug, reißen Witze, und es werden verschwenderisch Zuckerplätzchen geworfen, so daß man am Abend auf dem Corso nur noch auf zuckrigen Krümeln geht.

Caffarelli fährt mit Metastasio in einer Kutsche in den Trubel, um das abendliche Pferderennen zu erleben. Die beiden versuchen, die Identität der vielen Maskierten zu erraten. Caffarelli erkennt die Musikanten vom Teatro Alibert. Aber wer ist die Maske, die so starr zum Fenster seiner Kutsche blickt? Sie wirft mit Zuckerplätzchen um sich, es ist sicher der kleine Abbate Bizzacari. Durch die Menge drängt sich ein Advokat, der zu den Fenstern hinaufschreit. Er packt sich einen Spazierenden, droht ihm mit einem Prozeß, beschuldigt ihn der lächerlichsten Delikte, zieht Dokumente aus der Tasche, die seine Verbrechen beweisen, und als der Beschuldigte lachend glaubt, der Rechtsverdreher sei mit seinem Repertoire am Ende, fängt der erst richtig an.

Junge Männer in Frauenkleidern, mit entblößten Brüsten, liebkosen die ihnen begegnenden Männer. Die Frauen scheinen ebensoviel Vergnügen daran zu finden, sich in Männerkleidern zu zeigen. Caffarelli muß an sein erstes römisches Engagement denken, als alle in ihm die verkleidete Primadonna sehen wollten. Auch viele Kutscher tragen Frauenkleider, aber ihre Brüste sind bedeckt.

In diesem Jahr scheinen die Römer den Karneval noch hemmungsloser als sonst zu feiern. Es heißt, der Papst sei schwerkrank und liege im Sterben. Stirbt er vor dem

Aschermittwoch, ist es vorzeitig aus mit den Lustbarkeiten. Und so feiern die Römer in diesem Jahr jeden Tag mit einer Ausgelassenheit, als würde es der letzte des Karnevals sein.

Die Fenster und Balkone am Corso sind mit bunten Tüchern geschmückt und voller Menschen. Auf den Gehsteigen sind Gerüste mit Sitzreihen wie im Theater aufgeschlagen. Alle warten auf den Beginn des Pferderennens, das zwischen den zwei Kutschreihen den ganzen Corso entlang vom Obelisken auf der Piazza del Popolo zum Venezianischen Palast führt.

Als die Pferde endlich am Fenster der Kutsche vorbeirennen, dauert es nur einen kurzen Moment, jedenfalls das, was man tatsächlich davon zu sehen bekommt. Caffarelli fragt sich, warum Tausende von Menschen sich Jahr für Jahr an diesem blitzschnellen Eindruck, auf den sie so lange warten mußten, ergötzen. Vielleicht denkt jeder, er hätte an einer anderen Stelle stehen müssen, um mehr davon zu sehen, und deshalb kommen alle im nächsten Jahr wieder und warten von neuem stundenlang auf die wenigen Sekunden des Schauspiels.

Nach dem Pferderennen strömen die Menschen in die Theater, und Caffarelli muß sich beeilen, rechtzeitig in seiner Garderobe zu sein.

Am Abend vor dem Aschermittwoch, es ist der 21. Februar 1730, hat Caffarelli seine letzte Vorstellung in dieser Karnevalssaison. Noch bevor die Oper zu Ende ist, verbreitet sich im Theater die Nachricht, daß Papst Benedikt XIII. gestorben ist. Der Vorhang fällt vorzeitig, das Publikum schreit auf: »Nun müssen wir Coscia ausräuchern!« und stürzt aus dem Theater. Der zweiundvierzig-jährige Nicolaus Coscia ist der Vertraute des verstorbe-nen Papstes, der ihn zum Kardinal erhoben hat.

Benedikt XIII., mit 72 Jahren zum Papst gewählt, hat vor 9 Jahren die päpstliche Würde nur widerstrebend an-genommen, weigerte sich, die Prunkgemächer des Vati-kan zu beziehen. Er erließ Verordnungen über die Kleidermode der Kleriker, verbot ihnen das Tragen von Perücken, rügte den übertriebenen Luxus der Kardinäle. Dabei übersah er, daß sein Vertrauter Coscia die Stadt hemmungslos ausplünderte.

Als sein Kammerherr verstand es Coscia, den from-men Papst so zu isolieren, daß er nur noch durch ihn unterrichtet wurde. Deshalb konnte Coscia in Rom un-gehindert schalten und walten, wie er wollte. Er ver-kaufte freiwerdende Stellen, teilte sich mit den neuen Inhabern die Einkünfte. Von ausländischen Gesandten ließ er sich für seine Dienste fürstlich bezahlen. Er grün-dete immer neue Monopole, unter anderem für Schuh-sohlen und Seife, und trieb von deren Pächtern Ge-schenke ein. Selten war ein Mann so verhaßt in der Bevölkerung wie der Kardinal Nicolaus Coscia.

So laufen die Römer am Abend des 21. Februar von überall her auf den Petersplatz, um den Vatikan zu bela-gern. Doch Coscia hat sich bereits in das Haus eines Freundes am Corso geflüchtet. Tag und Nacht durch-streifen die Soldaten des Papstes die Straßen, um einen allgemeinen Aufstand im Keim zu ersticken. Die Engels-brücke wird gesperrt, um das Eindringen der Bewohner Trasteveres ins Stadtzentrum zu verhindern.

Metastasio erklärt Caffarelli, es sei ein merkwürdiger

und allgemein bekannter Umstand, daß Rom niemals besser regiert werde, als während der Zeit, da der Heilige Stuhl vakant sei. Während des Interregnums hätten drei Kardinäle reihum je drei Tage die Staatsverwaltung zu besorgen. In dieser kurzen Zeit könne keiner Böses tun, jeder aber wolle die Meinung von sich wecken, er sei imstande Gutes zu bewirken.

Eine der Ursachen der schlechten Regierung von Rom liege darin, daß jeder Papst von Neffen und Verwandten umringt sei, die sich alle nur bereichern wollten. Der Papst seinerseits betrachte sich als Eigentümer der Staatseinkünfte und denke auf weiter nichts, als seine Verwandten mit Gütern und Würden zu bereichern. Da er wisse, daß er nach seiner Thronbesteigung nicht lange mehr leben werde, benutze er die kurze Zeit, auf solche Art das Staatsvermögen zu verschwenden.

Am Tag nach Aschermittwoch spricht sich herum, daß Coscia sich am Corso aufhält. Ein Steinhagel zerstört alle Fenster des Hauses, in dem er sich versteckt hat. Im Schutz der Nacht gelingt es dem Kardinal, aus Rom zu fliehen. Der nächste Papst wird ihn im Dezember vor Gericht stellen. Coscia wird zu einer Geldstrafe von 100 000 Scudi und einer zehnjährigen Gefängnisstrafe verurteilt und auf der Engelsburg eingekerkert.

Den Sommer verbringt Caffarelli wie schon den des vorigen Jahres in Pistoia, einem kleinen Städtchen knapp 40 Kilometer nördlich von Florenz. In der Stadt ist eine Akademie von Honoratioren aktiv, die gelehrte Disputationen veranstaltet. Am 1. August 1729, dem ersten Abend, an dem Caffarelli teilgenommen hat, ging es um das Thema »Zu viel Unterhaltung erzeugt Langeweile«. Zu der Diskussion, an der gewöhnlich nur Männer teilnahmen, waren auch 32 Frauen gekommen, einzig, um anschließend den schönen Kastraten singen zu hören.

Caffarelli hat sich in Pistoia so wohl gefühlt, daß er fast zwei Monate geblieben ist. Für den Sommer 1730 hat ein Mitglied der Akademie eine Opernproduktion angeregt, was zu heftigen Diskussionen geführt hat. Vielen erschien das finanzielle Risiko zu groß, hat die Stadt doch gerade 10 000 Einwohner. Es gibt zwar ein Theater, aber die Wände sind schwarz vom Ruß der Kerzen, es müßte von Grund auf gesäubert werden.

Die Befürworter setzen sich durch. Für den 2. Juli 1730 wird eine Serie von 14 Aufführungen der Oper *Sirbace* von Predieri mit Caffarelli angekündigt, verteilt auf sechs Wochen. Die Preise der Eintrittskarten richten sich nicht nach der Platzgruppe, sondern nach dem Stand der Käufer. Adlige zahlen 13 Lire, einfache Bürger 11, Kleriker 9. Fremde müssen 18 Lire bezahlen, und am ersten Abend können immerhin 33 Karten dieser Kategorie verkauft werden.

Die Opernproduktion wird ein riesiger Erfolg. Halb Florenz macht sich auf den Weg nach Pistoia. Selbst aus Norditalien kommen Zuschauer angereist. Die Gasthäuser und Geschäfte erzielen einen Riesenumsatz, viele Bürger vermieten Privatzimmer. Die Laufzeit des Stücks wird um zwei Wochen verlängert.

Die Endabrechnung des Kartenverkaufs ergibt, daß 80 Damen von Rang und 500 Adlige die Vorstellungen besucht haben.

Der Liebhaber

Zum Karneval des Jahres 1732 ist Caffarelli wieder in Rom. Noch einmal singt er in einer Oper seines Lehrers Porpora. In *Germanico in Germania* spielt er im Teatro Capranica den Germanenfürsten Hermann (Arminio), der vom Neffen und Adoptivsohn des Kaisers Tiberius besiegt wird. Der Römer erhält danach den Ehrennamen Germanicus.

Sechs Jahre Bühnenpraxis haben Caffarellis Gesangstechnik der Vollendung nahe gebracht. Sein wunderbares »messa di voce«, die Fähigkeit, einen Ton leise zu beginnen, ihn dann unmerklich lauter werden zu lassen, bis sein Klang das ganze Theater erfüllt, und ihn dann, ohne Atem zu holen, ebenso gleitend zum anfänglichen pianissimo zurückzuführen, bringt das Publikum zum Rasen. Mit einem einzigen Atem läuft er, mit aneinanderhängenden Trillern, zwei volle Oktaven auf und ab. Den Zuhörern stockt dabei der Atem. Und die gesangstechnisch schwierigsten Passagen bewältigt er mit einer Leichtigkeit, als ob es ihn gar nichts koste.

Er trifft alle chromatischen Stufen, auch ohne Begleitung, mit solcher Genauigkeit, daß jeder Ton, gleich ob mit einem b oder # bezeichnet, wenn das Cembalo ihn anschlägt, so rein und übereinstimmend gefunden wird, daß ein jeder darüber erstaunt.

Im *Germanico* singt ein schon älterer Kastrat eine Nebenrolle. Ihm hat Porpora im zweiten Akt ein kleines

Arioso zugestanden. In einer Vorstellung ruft ein päpstlicher Soldat, einer dieser ungehobelten Schweizer, in das Arioso hinein: »Du bringst es noch dahin, daß ich dir meine Hoden schenke!«

Obwohl er nicht gemeint ist, gibt dieser Zwischenruf Caffarelli, der ihn in der Gasse zwischen den Kulissen hört, einen Stich ins Herz. Es ist nicht das erste Mal, daß er die Aggression der Männer spürt, die ihre eigene Männlichkeit von der puren Existenz der Kastraten bedroht sehen. Er weiß inzwischen, was ihn von diesen Männern unterscheidet, weiß, um welchen Preis er die Stimme erworben hat, mit der er bei jeder Vorstellung das Publikum geradezu in Ekstase versetzt. Vor zwei Jahren, bei der Unruhe in der Generalprobe des *Siface* im selben Theater hat es, bevor er Berenstadts Tabakkrümel auf seinen Lippen spürte, einen kurzen Moment gegeben, in dem er glaubte, das Publikum habe ihm seine Gunst entzogen, habe ihn wieder ins Nichts fallen lassen, ebenso schnell, wie es ihn in den Himmel erhoben hatte. Beim Zwischenruf des Schweizers durchzuckt ihn der Gedanke, daß es eines Tages mit seiner Stimme aus sein könne und nichts bleiben werde als der Spott der Männer, die ihn jetzt beneiden.

Bei seinem dritten römischen Engagement ist Caffarelli nicht mehr das sechzehnjährige unbedarfte Kind seines Debüts. Inzwischen hat er erfahren, was Sexualität ist, hat gelernt, daß es andere Vergnügen gibt, als einen alten Abbate an der Nase herumzuführen. Er spielt außerhalb des Theaters längst nicht mehr die kokette Primadonna, die sich von Männern hofieren läßt. Er flirtet jetzt ungeniert mit den Frauen, die ihn anhimmeln. Und er entscheidet selbst, mit welcher er sich näher einlassen will.

Caffarelli hat die Beobachtung gemacht, daß verheiratete Männer nur selten eifersüchtig sind. Viele scheinen es sogar zu mögen, wenn ihre Frau einen Liebhaber hat. Offiziell ist der Liebhaber nur ein Verehrer, der der Frau Komplimente macht, ihr kleine Präsente überreicht, sie ins Theater oder zu einem Ball begleitet, wenn der rechtmäßige Gatte durch Geschäfte verhindert ist. Was das wohl manchmal für Geschäfte sein mögen! Manche Männer geben offen zu erkennen, daß sie froh sind, wenn sie nicht ununterbrochen mit ihrer Frau zusammen sein, sie nicht ständig unterhalten müssen.

Sind die Männer fast nie eifersüchtig, die Frauen sind es um so mehr. Sie verlangen vom Liebhaber unbedingte Treue. Er darf nur für seine Angebetete Augen haben. Wehe, er sieht einer anderen Frau auch nur nach, schaut im Theater mehrmals oder zu lange in Richtung einer bestimmten Loge!

Die schönsten Damen Roms reißen sich darum, den ersten Sänger des Teatro Capranica als Ehrengast ihrer Abendgesellschaften präsentieren zu können. Fast alle Frauen, mit denen er sich bei solchen Gelegenheiten unterhält, scheinen bereit, mit ihm ins Bett zu gehen, wenn er nur will. Gerade in Rom redet man viel über den unerschöpflichen Sexualtrieb der Kastraten, sagt ihnen Lasterhaftigkeit und einen Hang zur Ausschweifung nach. Und Caffarelli tut alles, um dieses Gerede zu rechtfertigen.

Einmal hat er einen jungen Kollegen sagen hören, die Frauen sehnten sich gerade deshalb nach seinem Baum, weil er keine Früchte bringe. Daß die Frauen ihn vor allem deshalb als Liebhaber schätzen, weil er keine unerwünschten Folgen hinterläßt, weiß er zwar, aber er will es sich nicht eingestehen.

Caffarelli hört auch, wie hinter seinem Rücken von denselben Männern und Frauen, die ihn mit Komplimenten überhäufen, getuschelt wird. Es gibt ein schier unerschöpfliches Repertoire von Schimpfworten für Männer wie ihn. In Italien braucht niemand das Wort »Kastrat«, wenn er von den Sängern mit der hohen Stimme spricht. Meist sagt man nur »musico«, also Sänger, doch der Ton, in dem das Wort ausgesprochen wird, läßt oft die ganze Verachtung spüren, die die »echten« Männer für die Kastraten haben, wenn sie sie auch auf der Bühne umjubeln. Und wenn der Protagonist einer Oper analog zur Prima-donna als »primo uomo« bezeichnet wird, dann heißt das eigentlich »erster Mann«, aber dieses »Mann« klingt in Caffarellis Ohren fast wie eine Beleidigung.

Man sagt, wenn man von einem Kastraten spricht, auch »evirato«, was Entmannter heißt, also einen Mangel bezeichnet, oder benutzt das aus dem Griechischen kommende Wort Eunuch. »Castrone – Schafskopf« mit seinem unüberhörbaren Anklang an das Wort »Kastrat« ist dann schon ein richtiges Schimpfwort. Sitzt an einer Straßenecke ein armer Kastrierter, der es nicht einmal zu einer Anstellung als Chorsänger gebracht hat, und bettelt mit seinem hellen Stimmchen um Almosen, dann ruft ihm nicht selten jemand ein »coglione« hinterher, was Hoden heißt, aber auch Dummkopf bedeutet. Hört Caffarelli auf der Straße jemanden eines dieser Worte rufen, hat er immer das Gefühl, selbst gemeint zu sein und schaut sich unwillkürlich um.

Wenn die Römer Berenstadt wegen seiner extremen Körpergröße und seines gewaltigen Brustumfangs den singenden Elefanten nennen, ist das fast liebenswert gemeint. Der Vergleich mit dem kastrierten und gemästeten Truthahn, dem Kapaun, klingt schon weniger freundlich.

Caffarelli hat bald herausgefunden, daß er Beleidigungen am leichtesten entgeht, wenn er die Anzüglichkeit aufgreift und von sich aus noch übertreibt. Daß das Bedürfnis nach herabsetzenden Worten bei vielen Männern einfach daher rührt, daß sie neidisch auf den Erfolg sind, den die Kastraten bei Frauen haben, hat Caffarelli zwar bald erkannt, aber die Erkenntnis ändert nichts daran, daß es ihn jedesmal trifft, wenn er hinter sich das Getuschel hört. Ihm wäre es manchmal lieber, Männer und Frauen sagten ihm ihre Verachtung offen ins Gesicht.

Die Mauern von Rom schließen zwar eine große Fläche ein, aber ganze Stadtteile sind fast verödet, nur etwa ein Drittel des Stadtgebiets ist bewohnt: der Bereich zwischen dem Kapitol, dem Monte della Trinitá oberhalb der Spanischen Treppe und dem Tiber, dazu Trastevere und das Gelände zwischen der Engelsburg und St. Peter. Alles übrige besteht aus Feldern, Gärten oder Ruinen. Trotzdem wirkt die Stadt groß und prächtig. Die Architekten haben es verstanden, bei der Bebauung Ausblicke auf prunkvolle Gebäude und Fassaden auszusparen. Aber man darf immer nur geradeaus sehen, nie zur Seite.

Die Häuser von Rom sind entweder Paläste oder Hütten.

Auf beinahe jedem freien Platz sprudelt ein Brunnen. Bei den großen besteht das Wasser nicht aus einem dünnen Strahl. Aus ihnen stürzen Bergbäche, Flüsse, die nach allen Seiten ausbrechen. Die Wirkung der natürlichen Wasserfälle wird durch kunstvolle Statuen noch verstärkt. Auf der Piazza Navona liegt mitten auf dem Platz ein Riesenblock zerklüfteter Felsen. An seinen Ecken lagern Donau, Nil, Ganges und der Rio de la Plata als riesige Gestalten, schütten aus ihren Urnen wahre Sturzbäche. Der Nil verhüllt sein Haupt, der schöne Löwe schreitet aus einer Höhle um seinen Durst zu stillen, das Pferd trinkt, Schlangen kriechen, gischtende Wasser brausen von allen Seiten auf die Felsspitzen herab, und darüber, so hoch das Auge reicht, ein Obelisk aus Granit.

Rom ist Weltstadt und Dorf zugleich. Man sieht einander täglich, ein prominenter Sänger wie Caffarelli kann keinen Schritt tun, ohne daß die Klatschmäuler darüber zu berichten wissen. Alles ist Stoff für die Wochenzeitung. Es erstaunt ihn deshalb oft, mit welcher Selbstverständlichkeit manche Mütter versuchen, ihre Töchter zu verkuppeln, ihm ohne alle Umschweife sagen, daß sie nichts dagegen hätten, wenn ihr Kind ab und zu einen freundschaftlichen Besuch empfange.

Nach einigen Affären mit jüngeren und älteren Frauen, die alle nach kurzer Zeit beendigt sind, verliebt sich Caffarelli ernsthaft in eine junge leidenschaftliche Römerin, die mit einem etwa gleichaltrigen Mann verheiratet ist. Wie sich bald herausstellt, ist der Ehemann nicht bereit, das allgemein akzeptierte Spiel zu tolerieren. Caffarelli muß für ihre intimen Begegnungen immer wieder neue verschwiegene Orte suchen. Die Heimlichtuerei erhöht den Reiz dieser Liebschaft, vielleicht wäre er ihrer sonst viel früher überdrüssig geworden. Als der Mann der Römerin für einige Tage verreist, wagen es die beiden, sich am hellichten Tag im Haus der Frau zu treffen. Die Entweihung des Ehebetts ist für Caffarelli ein besonderes Vergnügen. Doch der Mann kommt vorzeitig zurück. Fast ertappt er seine Frau und den Kastraten in flagranti. Caffarelli kann in den Garten flüchten, der von einer hohen Mauer umschlossen ist. Die Sträucher sind noch ohne Laub, und so findet er kein anderes Versteck als die Zisterne. Vor lauter Angst bleibt er bis zum Anbruch der Dunkelheit in dem feuchten Verlies. Die Folge ist ein Rheumatismus, der ihn fast einen Monat ans Bett fesselt. Seine Stimme hat glücklicherweise keinen Schaden genommen.

Als er endlich wieder ausgehen kann, schickt ihm seine Geliebte vier bewaffnete Diener, die ihn auf Schritt und Tritt bewachen müssen. Ihr Mann habe von ihrem Verhältnis erfahren, angeblich hat die Magd der Nachbarin beobachtet, wie der Sänger in der Nacht über das Tor geklettert ist. Wahrscheinlicher ist, daß seine Angebetete sich bei all ihren Freundinnen unter dem Siegel strengster Verschwiegenheit damit gebrüstet hat, sie sei die Ursache für Caffarellis Krankheit gewesen. Jedenfalls behauptet sie, bei der Eifersucht ihres Mannes müsse Caffarelli ohne Leibwächter das Schlimmste befürchten. So behält sie ihn unter Kontrolle, und er wagt es nicht, ein neues Liebesabenteuer einzufädeln. Schließlich entzieht er sich diesem offenen Strafvollzug durch die Annahme eines Engagements in Venedig.

In Venedig gibt es nicht nur im Herbst und zum Karneval eine »stagione«, auch während des vierzehntägigen Himmelfahrtsmarktes spielen die Theater. Caffarelli soll im Teatro San Samuele in einer Oper des deutschen Komponisten singen, den er in Neapel als Schüler Porporas kennengelernt hat.

Die Primadonnen

Die venezianischen Theater sind in dieser Zeit für einen italienischen Sänger das Ziel aller Träume. Und die Stadt, die ins Wasser gebaut wurde, soll ein einziges Wunder sein. Von Padua fährt Caffarelli mit dem Schiff die Brenta hinunter. Deren Ufer sind rechts und links von Palästen gesäumt, es sind die Landsitze der reichen venezianischen Familien. Sie künden die Pracht Venedigs an. Der erste Anblick der Lagunenstadt überwältigt ihn aber nicht so, wie er es sich nach den Schilderungen vorgestellt hat. Venedig wirkt auf Caffarelli kaum anders als irgendeine Stadt, die am Meer liegt. Und das Meer kennt er seit seiner Kindheit. Die Bucht von Neapel mit dem Vesuv im Hintergrund, das ist etwas anderes als das flache Wasser der Lagune. Dann aber, nach der Einfahrt in den breiten Giudecca-Kanal, als von allen Seiten und ganz nah Paläste, Kirchen, Straßen aus dem Wasser aufzutauchen scheinen, eine ganze Stadt, in der man offenbar keinen Fuß vor den anderen setzen kann, ohne ihn im Meer zu baden, ist er doch verblüfft. Und Venedig ist von allen Seiten offen, ohne Tore, ohne Mauern. Man sieht keinen einzigen Soldaten, wenn man sie betritt, das Gepäck wird von keinem mürrischen Zöllner durchsucht.

Das Boot, das Caffarelli nach Venedig gebracht hat, hält kurz nach der Einfahrt in den Großen Kanal am Teatro San Samuele. In der Nähe des Theaters ist eine Wohnung für den Sänger gemietet. Nie hat er mitten in einer Stadt eine solche Ruhe erlebt. Selbst wenn er bis in den

hellen Vormittag hinein schläft, stört ihn nicht das leise-
ste Geräusch, es gibt kein Rumpeln von Pferdewagen
oder Schiebekarren. Aller Verkehr geht lautlos im Wasser
vor sich.

Caffarellis ehemaliger Mitschüler Johann Adolf Hasse
hat seit der Serenata in Neapel vor sieben Jahren eine
beispiellose Karriere gemacht. Der Deutsche ist zum be-
liebtesten Komponisten der italienischen Oper geworden. In Venedig wird er nur »il caro Sassone – unser
lieber Sachse« genannt. Vor einem Jahr ist er zum Kapellmeister am Hof von Dresden ernannt worden.

Das Werk, das in Venedig aufgeführt werden soll, ist
streng genommen gar keine Oper von Hasse. Vielmehr
hat man ein vorhandenes Libretto so zurechtgeschustert,
daß die Verse auf Musik aus anderen Opern des Komponisten passen. Auch ganze Arien samt Text werden aus
vorhandenen Werken in so ein »Pasticcio« übernommen, ähnlich wie in der Küche aus den Resten des Vorta-
ges eine Pastete, eben ein »pasticcio«, zubereitet wird.

Caffarellis Partnerin in Venedig wird die Primadonna
Francesca Cuzzoni sein. Als er sie vor der ersten Probe
am Bühneneingang des Teatro San Samuele zum ersten
Mal sieht, glaubt er, sie sei die Putzfrau des Theaters, die
sich zum Ausgehen mit Kostümen und Requisiten aus
dem Fundus fein zu machen gesucht hat, so geschmacklos und übertrieben kommt ihm ihre Aufmachung vor.
Die Cuzzoni ist klein und dick, aus einem runden Gesicht
ragt eine spitze Nase. Doch als sie in der Probe ihren
Mund öffnet und zu singen beginnt, muß Caffarelli unwillkürlich die Augen schließen. Es kann doch nicht sein,

Die Primadonna Francesca Cuzzoni

daß aus einer so häßlichen Gestalt eine solche Stimme erklingt. Aus der ordinären Person ist plötzlich, ohne daß sie Schminke aufgelegt hätte oder raffiniert ausgeleuchtet worden wäre, ein unschuldiges Mädchen geworden, zärtlich und rührend. Die Cuzzoni versteht, Töne zu modulieren und verklingen zu lassen, beherrscht meisterhaft luftige Portamenti. Caffarelli hat bis dahin noch nie einen so hohen Frauen-Sopran gehört. Bisher hat er seine Primadonnen, was die Höhe der Stimme angeht, immer übertroffen.

Francesca Cuzzoni ist zwar nur vierzehn Jahre älter als Caffarelli, aber auf den Zweiundzwanzigjährigen wirkt sie, sobald sie nicht mehr singt, wie eine Matrone. Sie ist außerdem entsetzlich geschwätzig und fängt wohl gleich nach der ersten Probe an, den neuen Kollegen mit allen Höhepunkten ihres künstlerischen Lebens vertraut zu machen.

Sechs Jahre lang ist sie die Primadonna der Königlichen Oper in London gewesen. Sie wird Caffarelli ausführlich davon erzählt haben, besonders vom musikalischen Leiter des Opernhauses, dem Komponisten Georg Friedrich Händel, der für sie elf Rollen geschrieben hat. Ein seltsamer Komponist sei das, ein Deutscher, der ein Engländer sein wolle und italienische Opern schreibe. Wenn die Cuzzoni von ihm erzählt, und alle Geschichten, die sie aus London zum Besten gibt, enden immer bei Händel, weiß Caffarelli nie so recht, ob ihre Bewunderung für Händels Genius oder ihr Zorn, ja ihr Haß auf seine rüden Manieren überwiegt. Dauernd habe er Krach mit den Sängern seines Ensembles gehabt. Er habe doch tatsächlich geglaubt, seine Musik sei mehr wert als die

Gesangskunst seiner Primadonnen und Kastraten. Dabei hätten seine Sänger jeden Abend für ein ausverkauftes Haus gesorgt, nicht Händels Noten. Ihr, der Cuzzoni, Londoner Debüt sei eine solche Sensation gewesen, daß für die zweite Vorstellung auf dem Schwarzmarkt für Eintrittskarten, die ein halbes Pfund kosteten, ganze vier bezahlt wurden.

Aber Händel sei nie mit seinen Sängern zufrieden, man müsse einfach Krach mit ihm bekommen. Als sie sich einmal weigerte, eine Arie zu studieren, weil sie ihr nicht effektvoll genug war, habe er sie mit seinen gewaltigen Pranken um die Hüfte gefaßt und gedroht, sie aus dem Fenster zu werfen; habe sie angebrüllt, er wisse schon, sie sei eine veritable Teufelin, aber er werde sie lehren, daß er Beelzebub, der Oberste der Teufel sei. Er hätte sie wohl wirklich aus dem Fenster geworfen, wenn sie nicht nachgegeben hätte, so jähzornig und eigensinnig wie er war. Daß die Arie, die sie anfangs nicht hatte singen wollen, dann zu einem ihrer größten Erfolge in London wurde, hört Caffarelli von anderen Kollegen. Immerhin gibt die Cuzzoni zu, daß dieser Händel begabt ist, vielleicht sogar genial. Aber er stehe sich selbst im Wege. Er komponiere seine Opern zwar auf italienische Libretti, aber seine Musik habe wenig Ähnlichkeit mit der anderer italienischer Komponisten. Sie sei nicht etwa deutsch und schon gar nicht englisch, einfach irgendwie anders.

Händel habe letztendlich sein Opernunternehmen trotz königlicher Protektion schließen müssen, weil ihm die Sänger davongelaufen seien. Auch sie habe es schließlich nicht mehr bei ihm ausgehalten. Die Geschichte mit dem Fenster hätte sie ihm fast verziehen. Aber dann habe er doch tatsächlich die Unverschämtheit besessen, zusätzlich zu ihr eine zweite Primadonna zu engagieren, die nicht nur eine genau so hohe Gage erhielt, nein, er habe für sie auch noch ebenso viele Arien komponiert, wo doch sie, Francesca Cuzzoni, in London unbestritten die erste, die Primadonna war. Daß es einmal auf der Bühne zu einer Rauferei zwischen den beiden Sängerinnen gekommen ist, noch dazu in einer Vorstellung, die eine königliche Prinzessin besuchte, erzählt sie nicht. Auch das hört Caffarelli von anderen, die noch zu berichten wissen, daß die Cuzzoni in England das Geld nur so gescheffelt habe. In London sei es üblich, daß die Starsänger bei erfolgreichen Werken eine sogenannte Benefizvorstellung erhielten, für die sie selbst die Billetts der Logen verkaufen könnten. Mancher reiche Adlige lasse sich das Entzücken, aus der Hand der Primadonna oder des ersten Kastraten eine Eintrittskarte entgegennehmen zu dürfen, das zehnfache des gewöhnlichen Preises kosten. 700 Pfund soll die Cuzzoni bei ihrem ersten Benefiz in London eingenommen haben, für eine einzige Vorstellung ein Drittel ihrer Jahresgage! Wahrscheinlich reden die Kollegen nur deshalb so schlecht über sie, weil sie auf ihren Reichtum neidisch sind.

Pikant an der Geschichte mit der Rauferei auf der Bühne ist, daß die zweite Primadonna, der die Cuzzoni in London vor den Augen der englischen Prinzessin die Perücke vom Kopf gerissen hat, inzwischen die Frau des Komponisten ist, in dessen Pasticcio Caffarelli und die Cuzzoni in Venedig singen sollen: Faustina Bordoni, seit zwei Jahren Hasses Ehefrau, war von 1726 bis 1728 zusammen mit der Cuzzoni an Händels Oper engagiert.

Faustina Bordoni ist in fast allem das Gegenteil der Cuzzoni. Sie hat es nicht nötig, äußerlich Aufsehen zu erregen. Sie gibt sich bescheiden, hält in Gesellschaft die Hände über dem Schoß gefaltet, muß nicht unentwegt plappern. Sie ist der Meinung, daß ihr Privatleben niemanden etwas angeht. Abgesehen von der Geschichte mit der Rauferei auf der Bühne, die aber von der Cuzzoni ausgegangen sein soll, kann niemand auch nur den kleinsten Skandal von ihr berichten. Faustina ist zwar ebenso klein wie die Cuzzoni, aber sie hat eine gute Figur, ist außerdem witzig und gebildet – kurz, eine kultivierte Frau. Sie muß nicht bei jeder Gelegenheit die Primadonna herauskehren, sie ist wirklich eine Dame von Welt. In der Oper überzeugt sie vor allem durch die Beweglichkeit ihrer Stimme. Keine Sängerin kann so schnelle Koloraturen und so perfekte Triller singen wie sie.

Faustina stammt aus einer alten venezianischen Familie, hat Musikunterricht bei Benedetto Marcello gehabt, einem geistreichen Schriftsteller und Amateurkomponisten, der vor etwa zehn Jahren eine Satire auf die italienische Oper, ihre Komponisten und Sänger veröffentlicht hat: »Das moderne Theater – oder sichere und einfache Methode, italienische Opern auf modische Art gut zu verfertigen und aufzuführen«. Marcello liebt die Musik, liebt die Oper, gerade deshalb ist seine Ironie, mit der er die Auswüchse und Verirrungen der noch jungen Kunst schildert, so bissig und fast böse. Die Kommerzialisierung des Opernbetriebs, die gerade in Venedig mit seinen rivalisierenden Opernhäusern besonders evident ist, trägt seiner Meinung nach die Verantwortung dafür, daß die wahre Kunst inzwischen weitgehend auf der Strecke geblieben ist. Mit dem Geschäft eng verbunden ist der Starkult, der um die Sänger, Kastraten und Primadonnen, getrieben wird.

Caffarelli wird das Buch, das 1720 in Venedig erschienen ist, sicher gelesen haben. In den »Anweisungen für Sänger« schreibt Marcello: »Richtet in den Dialogen sein Partner, wie es der Gang der Handlung verlangt, das Wort an ihn, oder hat der Partner eine kleine Arietta zu singen, so grüße der Kastrat unterdessen die Masken in den Logen und lächle dem Orchester oder den Statisten zu, damit das Publikum deutlich merkt, daß er der Herr Alipio Forconi ist (forcone heißt: Mistgabel), und nicht der Prinz Zoroaster, den er in der Oper darstellt. Sollte der große Sänger die Rolle eines Gefangenen oder eines Sklaven zu spielen haben, so muß er wohlgepudert, in juwelenbesetzten Kleidern, mit sehr hohem Helmschmuck, mit Schwert und hübsch langen und schimmernden Ketten erscheinen. Er klirre und rassle mit ihnen recht häufig, um das Publikum zum Mitleid zu bewegen.«

Auch für den Opernkomponisten hat Marcello Ratschläge parat: »Geht der Komponist mit großen Sängern, insbesondere mit Kastraten, auf der Straße, so lasse er sie immer rechts gehen, wage nicht, den Hut aufzusetzen und halte sich stets um einen Schritt hinter ihnen, mit Rücksicht darauf, daß der geringste von den Kastraten in der Oper zum mindesten einen General, einen Hauptmann des Königs oder der Königin darstellt.«

Es ist aber nicht nur der Rang ihrer Rollen, der die Kastraten mächtiger macht als den Komponisten. Für das Publikum verkörpert der Sänger die Musik. Der Kastrat singt die Spitzentöne, er hat den endlosen Atem, bezaubert mit geradezu halsbrecherischen Koloraturen und Trillern. Der Komponist liefert nur das Rohmaterial dazu.

Von seiner Wohnung kann Caffarelli zu Fuß ins nahe gelegene Theater gehen. Für weitere Wege gibt es das bequemste Gefährt, das man sich ausdenken kann: die Gondel. Alles an ihr ist schwarz. Sie ist schwarz bemalt und lackiert. Der kleine Kutschkasten, in dem man sitzt, ist außen mit schwarzem Tuch überzogen, innen mit schwarzem Samt gefüttert. Auf den Sitzen liegen Kissen von schwarzem Saffian. Selbst die reichsten Patrizier müssen sich an das Schwarz halten, ihre Gondeln dürfen sich in der Farbe nicht im geringsten von denen der kleinsten Krämer unterscheiden. Dadurch bietet die Gondel das vollkommenste Inkognito. Es ist absolut aussichtslos, den Insassen einer geschlossenen Gondel zu erraten. Man kann durch die Kanäle fahren, wie zu Hause in seinem Zimmer ungestört lesen, schreiben, plaudern, trinken, essen – und natürlich noch einiges mehr tun, und dabei in der ganzen Stadt seine Besuche machen. Zwar verheddern sich die vielen Gondeln manchmal ineinander, besonders in den engeren Kanälen, aber die Gondelkutscher sind so gewandt, daß sie sich auf unbegreifliche Weise sofort wieder losschlängeln.

Am Himmelfahrtstag erlebt Caffarelli die Gondelprozession, bei der die Prunkbarken der Republik in einer Regatta über den Großen Kanal auf die weite Wasserfläche des Bacino di San Marco vor der Fassade des Dogenpalastes fahren, wo der Doge Alvise Mocenigo das prächtige Staatsschiff, den Bucintoro besteigt, um die Vermählung Venedigs mit dem Meer zu feiern. Vor sechs Jahren erst ist ein neuer Bucintoro gebaut worden, den Antonio Corradini mit Skulpturen geschmückt hat. Auf dem Oberdeck hat das Schiff einen mit Samt ausgeschlagenen Saal mit 90 Sitzen. Hinter dem Thron des Dogen ist ein Fenster, aus dem er den vom Patriarchen gesegneten Ring werfen wird, wenn der Bucintoro am Lido das offene Meer erreicht hat. Das Schiff hat auf jeder Seite 21 Ruder, die von je vier Mann bewegt werden.

Nur an diesem Tag blitzen auf dem Wasser reich geschnitzte und vergoldete Barken, dazu die noch reicheren und zierlicheren der Gesandten fremder Staaten, die als einzige Gondeln haben dürfen, die nicht schwarz sind. Die Gondolieri der Republik tragen zum Fest Überwürfe aus rotem Samt, die mit Goldlitze verbrämt sind, und große albanische Mützen.

Am Nachmittag des Himmelfahrtstages besucht Caffarelli vielleicht ein Konzert in der Kirche der Pietà. Die Pietà ist ein Findelhaus für Mädchen, in dem ein hervorragender Musikunterricht gegeben wird. Zu diesem Unterricht schicken auch wohlhabende Venezianer ihre Töchter. Bei den regelmäßigen Konzerten in der Kirche am Bacino gegenüber von San Giorgio Maggiore wirken allein Mädchen mit. Die Mädchen singen nicht nur wie die Engel, sie spielen auch Geige, Flöte, Oboe, Cello und Kontrabaß. Der Chorleiter heißt Antonio Vivaldi, er ist auch der Violinlehrer der Mädchen. Wegen seiner Haarfarbe wird er in Venedig allgemein »il prete rosso – der rote Priester« genannt. Die schlichten Concerti, die er für

Der Komponist Antonio Vivaldi

die Pietà schreibt, sind bei den Venezianern sehr beliebt. Und er schreibt ein Concerto nach dem anderen. Man sagt, er komponiere schneller, als ein Kopist die Noten abschreiben könne.

Bei den Konzerten in der Pietà geht es ganz anders zu als in den Opernhäusern, wo sich während der Vorstellung eigentlich immer irgendwo einige Zuschauer unterhalten. Obwohl die Kirche überfüllt ist, herrscht in ihr während des Konzerts absolute Stille. Die Art des Beifalls amüsiert Caffarelli. Alle husten laut und scharren mit den Schuhen auf dem Boden, wenn ihnen etwas besonders gefallen hat, niemand ruft ein »brava« oder ein anderes zustimmendes Wort.

Während seines venezianischen Engagements macht ein junger Mann Caffarelli den Hof, der nur ein paar Jahre älter sein kann als der zweiundzwanzigjährige Sänger. Zuerst glaubt Caffarelli, er sei einer von den Männern, die wie die Frauen eine Affäre mit ihm suchen, wenn er ihm auch mit seinen 25 Jahren zu jung dafür scheint. Bisher jedenfalls sind die Männer, die sich an ihn herangemacht haben, älter, mindestens Mitte 30, gewesen. Bald wird Caffarelli klar, daß den jungen Mann andere Gründe seine Bekanntschaft suchen lassen. Er ist, wenn er es richtig mitbekommen hat, ein angehender Advokat, der nebenbei Gedichte schreibt und vom Theater fasziniert ist. Caffarelli muß sofort an seinen früheren Mitschüler Metastasio denken. Offenbar will der junge Mann über ihn, den berühmten Sänger, Kontakt zu Theaterdirektoren knüpfen, in der Hoffnung, einen Auftrag für ein Opernlibretto zu bekommen. Caffarelli mag versucht haben, ihn abzuwimmeln, indem er ihm sagt, das Ganze habe nur einen Sinn, wenn er zumindest ein eigenes Drama bereits verfaßt habe. Er solle sich dann wieder an ihn wenden, und er werde ihn einem Impresario empfehlen. Den Namen des jungen Mannes hat Caffarelli sicher sofort wieder vergessen.

Der Theaterdichter

Noch im selben Jahr wird Caffarelli nach Mailand engagiert. Als er zum ersten Mal über den Domplatz geht, kann er nicht verstehen, daß in ganz Italien der Mailänder Dom als das eindrucksvollste und großartigste Bauwerk gepriesen wird. Ja, wenn dieses Bauwerk wirklich da wäre! Kaum ein Drittel scheint ihm fertig. Angeblich wird seit 300 Jahren daran gebaut, und immer noch kommen Tag für Tag die Arbeiter. Der Dom mag wohl frühestens in tausend Jahren vollendet sein. Die Fassade besteht aus häßlichen Backsteinen. Nur die Portale sind mit einem schmalen Band von weißem Marmor eingefaßt. Vielleicht hat man die Vorderfront bewußt in diesem erbärmlichen Zustand belassen. Denn er fällt jedem sofort ins Auge und soll anscheinend die Spendenfreudigkeit der frommen Seelen aufmuntern. Die Rückseite und die seitlichen Teile sind fast fertiggestellt und ganz mit Marmor verkleidet. Mit etwas Phantasie kann man sich vorstellen, wie der Domplatz aussehen könnte, wenn auch die Frontseite so geschmückt wäre.

Innen ist es schwarz und dunkel. Obendrein ist der Dom gotisch, also das Altmodischste vom Altmodischen. Sechs Reihen von Pfeilern, die riesig, dick und hoch sind, tragen das Ganze. Der Fußboden aus dicken Fliesen ist erst zur Hälfte fertig. Erklimmt man die Kuppel, entdeckt man eine Fülle Bildhauerei, die hier oben wenig Sinn macht.

In der Oper, die am zweiten Weihnachtstag Premiere hat, ist Vittoria Tesi Caffarellis Partnerin, die Sängerin, die in Neapel sieben Jahre zuvor mit Farinelli in Hasses Serenata gesungen hat.

Auch Vittoria Tesi ist eine echte Primadonna. Ein paar Jahre jünger als die Cuzzoni, stammt sie wie diese aus einfachen Verhältnissen, aber anders als ihre Kollegin hat sich die Tesi zu einer Frau von Eleganz und Lebensart entwickelt. Neben Gesang hat sie auch Rezitation und Tanz studiert. Außerdem sieht sie gut aus, versteht, den Männern den Kopf zu verdrehen. Sie kehrt zwar in allem die mondäne Künstlerin heraus, aber nicht auf die parvenühafte Art der Cuzzoni. Unter den Primadonnen ihrer Zeit ist sie der Paradiesvogel. In den ersten Jahren ihrer Karriere waren ihre Spezialität Männerrollen, auch in der Serenata in Neapel hat sie ja den männlichen Part des Antonio gesungen.

Zwischen Caffarelli und der Tesi entwickelt sich eine merkwürdige Beziehung. An den italienischen Opernbühnen gibt es meistens einen offenen oder verdeckten Kampf zwischen dem ersten Kastraten und der Primadonna. Beide haben ihre Verehrer, wenn nicht aus echter Begeisterung, dann eben gegen Bezahlung. Die beiden Parteien bekämpfen sich im Theater oft lautstark. Wenn die Primadonna singt, flirtet der erste Kastrat, so er auf der Bühne ist, ungeniert mit den Damen in den Logen oder unterhält sich mit den Statisten. Die Primadonna macht während der Arie des Kastraten die Orchestermusiker an, läßt sich von ihren Pagen die lange Schleppe geräuschvoll richten, die unweigerlich zu ihrem Kostüm gehört, ganz gleich, ob sie eine Prinzessin am Königshof

Die Primadonna Vittoria Tesi

oder eine Schiffbrüchige auf einer wüsten Insel spielt. Ihre Anhänger schlagen nach einer Arie mit Stöcken auf die Sitzbänke, aus den oberen Logen regnen Flugblätter mit handgeschriebenen Gedichten zum Lob der Primadonna ins Parkett. Die Claque des Kastraten revanchiert sich mit lautem Heulen. Oft können die Zuschauer bei dem Lärmen die Musik nicht mehr hören.

Nichts dergleichen beim gleichzeitigen Engagement von Caffarelli und der Tesi. Es ist, als ob sich die Anhänger der beiden verabredet hätten, sich zu gemeinsamem Jubel zu vereinigen. Vielleicht liegt es daran, daß ihre Stimmen zu unterschiedlich sind. Caffarelli hat einen strahlend hohen Sopran. Als Darsteller mag er etwas steif sein, aber das macht er mit seiner vollendeten Gesangskunst wett, die alle Nuancen der Stimmgestaltung perfekt beherrscht.

Die Tesi hat eine eher tiefe Stimme. Sie ist so verschieden von der Caffarellis, daß man gar nicht auf den Gedanken kommen kann, die beiden zu vergleichen. Und die Faszination, daß die Stimme der Frau, der Geliebten, deutlich und unüberhörbar tiefer ist als die des Helden, ihres Geliebten, läßt die Zuschauer vergessen, daß eigentlich zwei Rivalen auf der Bühne stehen, die darum kämpfen müßten, den Gegner in der Gunst des Publikums auszustechen.

Die Tesi ist eine kokette und kapriziöse Frau. Ihre Affären sind Legion. Sie hat bisher auch immer mit ihren »primi uomini«, den Kastraten, Katz und Maus zu spielen gewußt. Vor Caffarelli versagt ihre Kunst. Oder besser: sie hat gar nicht das Bedürfnis, mit ihm zu spielen. Sie ist 10 Jahre älter, wenn auch mit ihren 33 Jahren noch eine attraktive Frau. Sie sieht in dem dreiundzwanzigjährigen Kastraten nicht das unmündige Kind, auch nicht den verstümmelten Mann. Sie akzeptiert Caffarelli als Künstler, als Kollegen. Und sie entwickelt vielleicht sogar eine emotionale Beziehung zu ihm. Trotz des nicht so hohen Altersunterschieds sieht sie in Caffarelli beinahe ihren Sohn.

Auch Caffarelli faßt sofort Zuneigung zu dieser Frau. Vielleicht zum ersten Mal nach dem Tod seiner Großmutter hat er Vertrauen zu einem Menschen. Ihr Verhältnis bleibt dabei aber auf Distanz. Beide werden im Gespräch nie das freundschaftliche »Du« gewählt haben. Und trotzdem ist zwischen ihnen von der ersten Begegnung an eine tiefe Sympathie, als hätten sie sich schon ewig gekannt. Caffarelli bedauert es, als die Sängerin nach der kurzen Aufführungsserie aus Mailand abreist. Vielleicht begreift er erst, als sie nicht mehr da ist, was ihm Vittoria Tesi bedeutet.

Caffarelli bleibt in Mailand, weil er auch für die zweite Karnevalsoper engagiert ist. Nach der Premiere steht am Bühnenausgang ein junger Mann. Caffarelli merkt gerade noch, daß er offenbar auf ihn gewartet hat, überlegt, ob er ihn kennen müßte, kann sich nicht erinnern. Da kommt der junge Mann auf ihn zu, stellt sich glücklicherweise vor: »Carlo Goldoni, wir sind uns in Venedig begegnet. Sie waren so freundlich, mir Mut zu machen, ein Libretto zu schreiben. Es ist inzwischen fertig. Sie hatten sich erboten, mir die Bekanntschaft des Impresario der Oper zu vermitteln …«

Caffarelli erinnert sich dunkel. Freitags trifft sich, weil

spielfrei ist, das ganze Ensemble regelmäßig im Salon der ersten Tänzerin der Mailänder Oper. Sie ist die Frau des Ballettmeisters Grossatesta. Wenn der junge Mann dorthin kommt, wird er mit Sicherheit auch den Theaterdirektor antreffen. Er wolle ihn gern bei Frau Grossatesta einführen. Das erweist sich als überflüssig, denn Goldoni hat ihre Bekanntschaft bereits in Venedig gemacht. Caffarelli ist geradezu erleichtert, daß seine Vermittlung nicht benötigt wird.

Am nächsten Freitag erscheint Goldoni viel zu früh mit dem dicken Manuskript seiner ersten Oper unter dem Arm bei Frau Grossatesta. Die Tänzerin ist begeistert, daß sie ihn mit dem Theaterdirektor bekannt machen darf und gratuliert ihm schon im voraus zur Annahme seines Werkes.

Nach und nach kommen die Besucher, auch Caffarelli erscheint. Er sieht den jungen Goldoni, erkennt ihn diesmal sofort, begrüßt ihn mit einer unnachahmlichen Herablassung, die keinen Zweifel aufkommen läßt, daß sich der so herzlich Begrüßte geschmeichelt fühlen muß. Der Sänger nimmt gravitätisch neben der Dame des Hauses Platz, betont damit, daß er der bedeutendste Gast des Abends ist. Kurz nach ihm kommt Graf Prata, einer der Direktoren der Mailänder Oper. Frau Grossatesta stellt ihm den jungen Dichter vor, erzählt von seiner Oper. Der Graf will das Werk gern weiterempfehlen, doch würde es ihn freuen, vorher ein wenig mehr darüber zu erfahren. Frau Grossatesta greift das sofort auf und bittet Goldoni, seine Dichtung vorzulesen.

Ein Tischchen mit einer Kerze wird gebracht. Alle setzen sich, Goldoni schlägt sein Manuskript auf und beginnt mit dem Titel: *Amalasunta*. Caffarelli singt das Wort: »Amalasunta«. Er findet es zu lang, es kommt ihm unfreiwillig komisch vor. Alle lachen, nur der Dichter nicht. Frau Grossatesta ergreift Caffarellis Hand, sieht ihn beschwörend an. Der Sänger reagiert fast beleidigt. Goldoni liest die Namen der auftretenden Personen. Es sind neun. Aus dem Hintergrund hört man ein feines Stimmchen, es ist von einem Kastraten, der im Chor singt, »zuviel« rufen, »mindestens zwei zuviel!«

Herr Prata, der Caffarellis Bemerkung hingenommen hat, fährt den kleinen Chorsänger an, er solle den Mund halten, seine Meinung habe nichts zu bedeuten. Dann wendet er sich an Goldoni. Es sei allerdings richtig, daß in einer Oper gewöhnlich nur sechs, höchstens sieben Personen aufträten. Doch wenn das Werk es verdiene, dann leiste man sich auch schon mal zwei Sänger mehr. Er möge doch so gut sein, fortzufahren.

Goldoni liest weiter: »Erster Akt, erste Szene. Clodesile und Arpagone.« Jetzt unterbricht ihn Caffarelli und fragt, wie die Person heiße, die vom primo uomo gesungen wird. Clodesile sei die Hauptrolle, antwortet Goldoni. »Was?« ruft Caffarelli mit seiner gellenden Stimme, »Sie lassen das Stück mit dem primo uomo anfangen? Er soll auf die Bühne kommen, während die Zuschauer ihre Plätze einnehmen, soll gegen ihr Lärmen ansingen? Nein, mein Herr, in Ihrer Oper werde ich nicht auftreten!«

Und er steht auf und geht demonstrativ in den benachbarten Salon. Goldoni versucht trotzdem, sein Stück vorzulesen. Aus dem Nebenzimmer hört man Caffarelli am Cembalo eine Rolle durchgehen. Frau Grossatesta entschuldigt sich, Herr Prata nimmt den jungen Dichter bei der Hand, geht mit ihm in ein kleines, vom Salon weit entfernter Ankleidezimmer und klärt ihn über die dramaturgischen Gesetze der italienischen Oper auf. Das musikalische Schauspiel habe Regeln und Bräuche, die zwar wenig Sinn machten, die es aber trotzdem streng zu befolgen gelte. Es komme nicht so sehr darauf an, dem Publikum zu gefallen, der Dichter müsse vor allem die Sänger und Sängerinnen zufriedenstellen. Die drei Hauptpersonen der Oper hätten jeweils Anspruch auf fünf Arien, davon je zwei im ersten und zweiten Akt, eine im dritten. Die zweite Sängerin und der zweite Kastrat dürften nur drei Arien bekommen, die übrigen Sänger hätten sich mit einer oder höchstens zwei zu begnügen. Für diese dürfe er auch keine leidenschaftlichen Arien dichten, denn es sei ihnen nicht gestattet, zu viel Beifall zu erwerben. Bei den ersten Sängern habe er darauf zu achten, daß die dramatischen Arien, die Bravourarien und die pathetischen Arien gut verteilt seien und niemals zwei derselben Art aufeinanderträfen. Es sei ein großer Fehler gegen die Dramaturgie, eine dieser Regeln zu übertreten. Jede Oper bestehe aus drei Aufzügen, von denen jeder eine Stunde dauern müsse. Ihre Länge mache man durch zwei mit Tänzen oder heiteren Intermezzi angefüllten Zwischenakten verdaulich, so daß der ganze Theaterabend mindestens fünf Stunden dauere. Übrigens dürfe in der ganzen Oper allenfalls ein Duett vorkommen ...

Herr Prata ist noch nicht ganz zu Ende mit seiner dramaturgischen Unterweisung, da unterbricht ihn Goldoni. Mit den Worten »ich weiß genug!« rennt er aus dem Haus. Im Zimmer seines Gasthofs angekommen, wirft er die Oper in den Kamin, verbrennt die Dichtung, die ihn so viel Mühe gekostet und auf die er so große Hoffnungen gesetzt hat. Die Opera seria ist nicht sein Metier!

Es ist kaum anzunehmen, daß der sechsundzwanzigjährige Goldoni, der von Venedig nach Mailand geflohen ist, um ein unbedachtes Heiratsversprechen nicht einlösen zu müssen, bleibenden Eindruck auf den eingebildeten Kastraten gemacht hat, und wir wissen auch nicht, ob Caffarelli und Goldoni sich später, als Goldoni zum gefeierten Theaterdichter geworden war, noch einmal begegnet sind.

Immerhin hat Caffarelli an diesem Abend im Januar 1733, ohne es zu wollen, den entscheidenden Anstoß gegeben, daß einer der größten Dichter des europäischen Theaters seine eigentliche Berufung fand, nämlich die italienische Komödie, die damals noch Stegreifdichtung war, in literarische Höhen zu führen.

Die Hochzeit der Tesi

1733 · Bologna

Noch im Mai desselben Jahres reist Caffarelli nach Bologna. Auf dem Marktplatz fallen ihm als erstes die Berge von weißen Zwiebeln auf. Man handelt auch mit Parfümerien und Likören. Einen besonderen Ruf haben die Cervelatwürste. In vielen Straßen gibt es zu beiden Seiten bedeckte Arkadengänge, so daß man auch bei Regen trocken durch die Stadt gehen kann.

Bologna hat eine berühmte Universität. Das schönste Gebäude ist ein anatomisches Theater, das Antonio Levante erbaut hat. Es ist ein prachtvoller Saal, in dem die Studenten auf Bänken übereinander wie in einem Amphitheater sitzen. Seine Ummauerung ist wie ein Brunnen gebaut und besteht aus Stufen, auf denen 500 Hörer Platz finden. Oben wird es von Statuen und Büsten der bedeutenden Anatomen und Physiker der bolognesischen Schule gekrönt.

Die meisten Studenten bekommen eine Gänsehaut, wenn in der Tiefe eine Leiche auf den Seziertisch gelegt wird. Ohne sich in dem engen Raum zu behindern, können sie die ganze Demonstration verfolgen, da jeder Leichenteil durch eine eigens angebrachte Beleuchtung hell angestrahlt wird. Die Bezeichnung »anatomisches Theater« ist nicht nur wegen des kunstvollen Lichts berechtigt, denn unter den Hörern sind fast immer auch Zuschauer, die nur des schauerlichen Kitzels wegen hier sitzen. Caffarelli wird vielleicht, als er diese Sensation erleben will, nicht einmal bewußt geworden sein, daß in diesem Raum die Operation gelehrt wird, die ihn zu dem gemacht hat, was er ist. Hier mag er denn auch zum ersten Mal gehört haben, was der Schnitt mit dem Messer bei ihm bewirkt haben soll. Das zwar bekannte, aber immer noch rätselhafte Verhältnis zwischen den Zeugungs- und Stimmorganen, erklärt ihm ein Professor, habe, da die äußerste Entwicklung des Geschlechts ihm durch den Schnitt des Chirurgen versagt ist, die Erweiterung der Kehle durch einen geringeren Zufluß von Feuchtigkeit verhindert. Dadurch wurde die Mündung der Stimmlippen verengt. Sie können leichter vibrieren und folglich nicht nur die höheren Töne, sondern auch alle Gradationen des Gesangs besser hervorbringen als die anderer Sänger.

In *Siroe, König von Persien*, der neuen Oper von Johann Adolf Hasse, die am 2. Mai 1733 im Teatro Formaglieri zum ersten Mal gespielt werden soll, wird Farinelli die Titelrolle singen. Es ist das erste Mal, daß Caffarelli seinen älteren Mitschüler seit der Serenata in Neapel vor acht Jahren wiedersieht.

Farinelli wird inzwischen landauf, landab als größter Sänger gepriesen, und Caffarelli mag überlegt haben, ob er das Engagement überhaupt annehmen soll. Denn er wird sich neben Farinelli mit der Rolle des »secondo uomo«, des zweiten Sängers, begnügen müssen. Daß Vittoria Tesi die Primadonna ist, hat vielleicht den Ausschlag gegeben, daß er schließlich zugesagt hat. Bologna gehört zwar zu den päpstlichen Staaten, hat sich aber einen guten Teil Unabhängigkeit erhalten. So dürfen in den Theatern der Stadt auch Frauen auftreten.

Caffarelli wird dem gemeinsamen Auftritt mit Farinelli auch deshalb mit gemischten Gefühlen entgegengesehen haben, weil er sich an eine Geschichte erinnert, die man vor ein paar Jahren in ganz Italien erzählt hat. Bei der Aufführung einer Oper, die Farinellis zwei Jahre älterer Bruder Riccardo Broschi komponiert hat, spielte in einer virtuosen Arie mit Trompetenbegleitung der Trompeter eine brillante Improvisation, die Farinelli aufgriff und mit einem schier endlos lang angehaltenen Schwellton beendete. Nun wollte auch der Trompeter die Kraft seiner Lunge demonstrieren. Ein Wettstreit entwickelte sich, in dem Sänger und Trompeter versuchten, einander an Strahlkraft und Ausdauer zu übertreffen. Beide hielten eine Note und einen Doppeltriller in der Terz, schlugen ihn so lange fort, daß den Zuschauern der Atem stehen blieb und sie mit Spannung darauf warteten, daß beide erschöpft aufgäben. Der Trompeter beendete auch tatsächlich, als Farinellis Ton immer leiser wurde, mit einem letzten gewaltigen Stoß die Kadenz. Er war sicher, daß sein Rivale ebenso außer Atem sein müsse wie er selbst, und der Wettkampf deshalb unentschieden ausgegangen sei. Da ließ Farinelli, ohne Atem zu holen, mit einer lächelnden Miene seine Stimme wieder anschwellen. Mit einer Handbewegung, die zeigte, daß er bisher nur gespaßt habe, hielt er nicht nur mit neuer Kraft den Ton aus, sondern ließ einen schier endlosen Triller folgen und sang anschließend die schnellsten und schwersten Läufe. Erst der Aufschrei des Publikums, das seiner Begeisterung in einem Beifallsorkan Luft machen mußte, brachte ihn zum Schweigen.

Caffarelli befürchtet, daß Farinelli versuchen könne,

Der Kastrat Antonio Bernacchi

ihn ebenso an die Wand zu singen. Die Tesi mag schon in den ersten Tagen der Proben auf die Trompeter-Anekdote angespielt haben. Farinelli bemerkt dazu nur, daß man sicher mit solchen Bravourstücken das Publikum gewinnen könne, daß sich bei dieser Gelegenheit auch gezeigt habe, welch guter Lehrer für Technik Porpora gewesen sei, daß das Ganze aber mit Kunst, mit Musik sehr wenig zu tun gehabt habe. Zwei Jahre nach dem Trompeter-Wettkampf habe er hier in Bologna mit Antonio Bernacchi auf der Bühne gestanden. Vittoria Tesi kenne ihn ja nur zu gut, sei er doch auch ihr Lehrer gewesen.

Er, Farinelli, habe damals versucht, das Publikum in seiner ersten Arie mit einer Kaskade von Gesangskunststückchen, wie er sie von Porpora gelernt hatte, für sich zu gewinnen. Die verblüffende Kadenz, mit der er diese Arie beendete, verfehlte denn auch ihre Wirkung nicht. Das Publikum raste. Direkt anschließend kam Bernacchi auf die Bühne. Er imitierte die Stimmakrobatik des jungen Rivalen, ließ auf jede halsbrecherische Verzierung eine noch schwierigere folgen. Farinelli verstand die Lektion. Statt beleidigt zu sein, bat er den älteren Kollegen, seine nächste Partie unter seiner Unterweisung einstudieren zu dürfen.

Porpora, mag Farinelli gegenüber Caffarelli und der Tesi geäußert haben, sei sicher der beste Lehrer für Stimmtechnik, er erkenne sofort die Stärken und Schwächen eines Sängers, wisse genau, was einer perfekt realisieren könne und was nicht. Er könne Stimmen einschätzen. Aber das Übermaß an Verzierungen, das Porpora seinen Schülern beigebracht habe, führe schnell auf den falschen Weg, das habe er bei Bernacchi gelernt. Die wahre Gesangskunst beherrsche man erst, wenn man sich nicht mehr daran klammere, was man in der Schule gelernt habe.

Es ist wahrscheinlich das erste Mal, daß Caffarelli ein kritisches Wort über seinen verehrten Lehrer hört, und das ausgerechnet von seinem bisher erfolgreichsten Schüler. So sehr ihn das irritiert, so sehr wird ihn gleichzeitig beruhigt haben, was Farinelli ihm und der Tesi erzählt hat. Gibt es ihm doch die Sicherheit, daß Farinelli nicht versuchen wird, ihn auf der Bühne bloßzustellen, ihn in Grund und Boden zu singen. Er versteht die Bemerkungen aber auch als Warnung, nicht seinerseits den Versuch zu machen, den älteren Kollegen übertreffen zu wollen. Caffarelli hat sich unterzuordnen, muß zufrieden sein mit dem, was Farinelli ihm an Applaus übrigläßt.

Vermutlich hat Farinelli seine Worte gar nicht als Einschüchterung gemeint. Aber bei aller ehrlichen Bewunderung für ihn fühlt sich Caffarelli doch etwas verletzt. Seine Irritation äußert sich in Bosheiten gegenüber den Sängern der kleineren Rollen. An ihnen läßt er seine Unsicherheit aus. In Bologna begründet Caffarelli den Ruf, der kapriziöseste Sänger Europas zu sein, berühmt für seine Launen, berüchtigt für seine Unverschämtheit.

Vittoria Tesi spielt im *Siroe* die Prinzessin Emira. Um den Tod ihres Vaters zu rächen, hat sie sich als Mann verkleidet und lebt unter dem Namen Idaspe am Hof des Perserkönigs, der ihren Vater hat umbringen lassen. Nur der Kronprinz Siroe weiß um ihre wahre Identität. Die Tesi kann fast die ganze Oper hindurch Männerkleider tragen – wie Caffarelli bei seinem Debüt die vollkommenste

Frau darstellte, ist sie der perfekte Mann. Da die Stimme das wahre Geschlecht der dargestellten Person nicht enthüllt (der Sopran singende Idaspe hätte ja auch ein Kastrat sein können), ist die Verkleidung für das Publikum ebensowenig von Anfang an zu durchschauen wie für die Hofgesellschaft auf der Bühne.

Die Tesi gilt nicht nur wegen ihrer vollkommen reinen Intonation und dem warmen pathetischen Stimmklang als eine der ersten Sängerinnen, sie hat dazu eine deutliche und wohlklingende Aussprache, ist eine glänzende Schauspielerin. Sie spielt auf der Bühne nie die Primadonna, sie versteht es, verschiedene Charaktere auch verschieden darzustellen.

Kronprinz Siroe, in Bologna Farinelli, hat einen jüngeren Bruder, Medarse, dem jedes Mittel recht ist, den Thron für sich zu gewinnen. Die klassische Partie des intriganten Bösewichts hat Caffarelli zu verkörpern. Seine Krönung zum König von Persien kann im letzten Moment verhindert werden. Caffarelli merkt gar nicht, wie sehr die Partie seinem gegenwärtigen Gemütszustand entspricht. Er leidet unter der Überlegenheit Farinellis ebenso wie in der Oper Medarse am Erstgeburtsrecht seines Bruders Siroe.

Das Stück hat einen sensationellen Erfolg. Zum Trio der besten Stimmen Italiens kommt die Qualität der Komposition. Hasse ist der einzige ausländische Komponist, dessen Musik die Italiener voll und ganz akzeptieren. Er geht auf die Poesie des Librettos ein – fast alle seine Operntexte hat Metastasio gedichtet – und gibt zugleich der Sängerstimme jede Möglichkeit, sich zu entfalten, unterdrückt sie nie durch die platte Geschwätzigkeit mannigfaltiger Instrumente. In Bologna stimmt alles zusammen, das Publikum gerät in einen Taumel der Begeisterung. Die Laufzeit der Oper muß wieder und wieder verlängert werden. Es kommt schließlich zu 26 Aufführungen. Die meisten Vorstellungen leitet Hasse selbst vom Cembalo aus.

Die Tesi empfängt in Bologna ihre Verehrer nicht nur in ihrer Garderobe, sie hat an den spielfreien Abenden auch in der kleinen Wohnung, die sie für die Dauer ihres Engagements gemietet hat, viele Besucher. Eine unverheiratete Frau, die sich die Freiheiten erlaubt, die Vittoria Tesi selbstverständlich für sich in Anspruch nimmt, gerät im Italien ihrer Zeit leicht in den Ruf, für jeden Mann zu haben zu sein. Doch die Tesi weiß jeder Form von Zudringlichkeit auf eine Weise vorzubeugen, daß so leicht niemand Anträge dieser Art auch nur anzudeuten wagt. Unter vielen Verehrern, die in Bologna für sie schmachten, ist auch ein Herzog, der eines Abends ihr letzter Gast ist und die Gelegenheit nutzt, ihr rundheraus seine Leidenschaft zu erklären. Die Primadonna weist ihn auf eine feine und elegante Art ab. Der Herzog nimmt das für die von der Konvention geforderte Zurückhaltung und wird immer dreister. Obwohl sie sehr verärgert ist, wahrt die Tesi Haltung und fordert mehr Respekt. Der Herzog verläßt sie beschämt und wagt es nicht mehr, sich in ihrer Wohnung sehen zu lassen.

Seine Leidenschaft für die Sängerin lodert aber weiter, und an jedem Abend, an dem er sie auf der Bühne sieht und hört, wird sein Verlangen nach ihr stärker. Er vertraut sich einem seiner Höflinge an, der bei der Tesi für ihn vorspricht, aber eben so ernstlich abgewiesen wird. Schließlich weiß der Herzog keinen anderen Ausweg, als die Sängerin mit einem förmlichen Heiratsantrag zu überraschen. Um sich bei seiner vermeintlich zukünftigen Herrin in Gunst zu setzen, verrät der Höfling ihr vor einer Vorstellung in ihrer Garderobe das Vorhaben seines Herrn.

Die Tesi wird gerade vom Theaterfriseur Tramontini für ihren Auftritt hergerichtet. Tramontini ist ein junger Mann von 28 Jahren. Sie sieht sein schönes und sympathisches Gesicht während der Entdeckung des Höflings im Spiegel, und plötzlich kommt ihr eine Idee, wie sie die Zudringlichkeit des Herzogs ein für allemal beenden könne, ohne ihn offen vor den Kopf zu stoßen. Als der Informant gegangen ist, bietet sie dem irritierten Tramontini auf der Stelle ihre Hand an. Wenn er wolle, würden sie sich schon am folgenden Vormittag trauen lassen. Den Unterhalt für den Hausstand, auch was er an Kleidung brauche, werde sie bezahlen. Von ihren Einkünften solle ihm notariell der dritte Teil zugesichert werden und zusätzlich ein Kapital in barem Geld, mit dem er schalten und walten könne, wie er wolle. Ihre einzige Bedingung dabei sei, daß er auf jede eheliche Gemeinschaft mit ihr verzichte. Wenn er ihr unter dieser Voraussetzung die Hand geben wolle, seien sie am nächsten Mittag ein Paar. Bis zum frühen Morgen gebe sie ihm Bedenkzeit.

Der überraschte Friseur reicht ihr auf der Stelle beide Hände. Caffarelli wird nach der Vorstellung von der Primadonna für den nächsten Tag als Trauzeuge in ihre Wohnung bestellt. Früh um neun fährt die Tesi mit Tramontini zum Bischof, um die Erlaubnis zur sofortigen Trauung zu erwirken, um elf wird sie in der nächsten Pfarrkirche vollzogen. Bei ihr zu Hause wartet bereits der Notar, der den Ehekontrakt aufsetzt. Nach der Unterzeichnung findet ein festliches Mittagsmahl statt, während dessen Tramontinis wenige Habseligkeiten in das Quartier der Tesi geschafft werden. Caffarelli wird noch Zeuge, wie die Sängerin ihrem nunmehrigen Gatten 2000 Zechinen aufzählt.

Der Friseur zieht sich danach in die für ihn bestimmten Zimmer zurück. Als Caffarelli, noch immer unter einem gewissen Schock der Überraschung angesichts dieser überstürzten Heirat, die Tesi fragt, ob sie diesen Scherz nicht vielleicht doch etwas zu weit getrieben habe, antwortet sie ihm, sie meine das Ganze in gewissem Sinne durchaus ernst und sei dem Herzog beinahe dankbar, daß er ihr den Anstoß zu diesem Schritt gegeben habe, den sie längst hätte tun sollen. Caffarelli mache sich keine Vorstellung, was eine Frau erlebe, die allein, ohne Ehemann, sich in der Öffentlichkeit bewege, gar auf Reisen gehe. Die Männer betrachteten sie nahezu als Freiwild, und eine vom Theater sei für sie nicht mehr als eine Dirne, die für Geld jederzeit zu haben sei. Mit ihren 33 Jahren habe sie noch nicht die Absicht, sich ins Kloster zurückzuziehen, sie wolle das Leben genießen, und das sei für eine Frau eben leichter, wenn sie im Hintergrund einen Ehemann vorweisen könne. Er habe doch selbst zur Genüge erlebt, welche Freiheiten sich verheiratete Frauen herausnehmen könnten, ohne deswegen in den Ruf einer Messalina zu geraten. Wenn sie als unverheiratete Frau sich auch nur ein Zehntel davon gestattet hätte, wäre sie womöglich schon von der Polizei verhaftet worden.

Am Abend erscheint der Herzog im Haus der Tesi, und man kann sich seine Bestürzung vorstellen, als er den festlich gekleideten Tramontini neben seiner angebeteten Primadonna vertraulich sitzen sieht und aus ihrem Mund die Lösung dieses Rätsels erfährt. Die Tesi geht dabei sehr schonend vor, und der Herzog bemüht sich, die größte Gleichgültigkeit zu zeigen. Bald nach ihrer Erklärung empfiehlt er sich kühl und läßt sich weder im Theater noch in ihrer Wohnung je wieder sehen. Tramontini begleitet fortan seine offizielle Ehefrau auf all ihren Reisen. Die beiden leben durchaus glücklich zusammen oder genauer: nebeneinander.

Für Caffarelli ist die Hochzeit der Tesi anfangs nur die skurrile Laune einer besonders exzentrischen Kollegin. Im Laufe der Zeit mag ihm bewußt geworden sein, daß ihm eine solche Laune verwehrt ist. Heiraten dürfte er nicht. Da er zeugungsunfähig ist, nach kirchlichem Recht Sexualität einzig zum Zweck der Fortpflanzung des Menschengeschlechts ihre Berechtigung findet, ist ihm die Ehe versagt. Caffarelli wird immer nur den Liebhaber spielen dürfen. Affären kann er mit Frauen haben, so viele er will. Mit einer Frau, die er liebt, offiziell zusammenzuleben ist ihm verboten.

Auf dem Gipfel

Im Karneval des nächsten Jahres soll Caffarelli in Venedig im Teatro San Giovanni Grisostomo in drei Opern wieder Farinellis Partner sein. Glücklicherweise muß er von Bologna nicht den mühsamen Weg über Land mit der Postkutsche nehmen. Ein schiffbarer Kanal verbindet die Stadt mit dem Fluß Reno, der bei Comacchio ins Meer mündet. Über Chioggia kann er so per Schiff nach Venedig gelangen.

Als es zwischen Pelestrina und dem Lido in den Bacino di San Marco einbiegt, hat er die Kulisse der Stadt wie eine Theaterdekoration vor Augen. Er fährt durch ein dichtes Gewimmel von Schiffen jeder Art: Kriegsschiffe, Handelsschiffe, Fregatten, Galeeren, Barken, Gondeln.

Caffarelli ist jetzt 24 Jahre alt. Er hat sich als Sänger durchgesetzt. Das Teatro Grisostomo in Venedig ist der Gipfel für einen Sänger, ist zu dieser Zeit, was später das Teatro alla Scala in Mailand werden wird. Endlich ist Caffarelli an dieses Theater engagiert. Es gibt nur einen kleinen Wermutstropfen, der seinen Triumph nicht vollkommen sein läßt: wieder spielt er nur die zweite Rolle, neben Farinelli.

An der Piazzetta, dem »kleinen Platz« geht er an Land. Auf der einen Seite künden Dogenpalast und San Marco vom Reichtum der Republik, auf der anderen Seite liegt der Markusplatz, umgeben von weiten Arkaden nach den Entwürfen Palladios und Sansovinos.

Caffarelli betritt zum ersten Mal den Markusdom, der

ihm mit seinen spitzen Kuppeln von außen immer wie ein prächtiger orientalischer Palast vorgekommen ist. Das Innere enttäuscht ihn durchweg. Eine Kirche ohne Licht. Als sich seine Augen ein wenig an die Dunkelheit gewöhnt haben, findet er alles, was er sieht, völlig geschmacklos. Die sieben Kuppeln, die das Innere überspannen, erscheinen ihm durch die Mosaiken auf goldenem Grund eher wie große Kessel. Ihre Malereien sind außerdem von einem verqueren Geschmack und grundhäßlich. Von den Farben abgesehen, bieten sie einen erbärmlichen Anblick, alles auf ihnen ist schief und krumm, nirgendwo stimmt die Perspektive. Glücklicherweise sind die Künstler, wenn man sie denn überhaupt Künstler nennen will, so aufmerksam gewesen, über jedes Bild zu schreiben, was es darstellen soll. Nur die Mosaiken an der Decke der Sakristei findet Caffarelli schön. Hier hatte der Maler den guten Gedanken, statt Figuren Stickereimuster und Arabesken von wirklich subtiler Schönheit zu entwerfen.

Ihm gefallen auch die vier großen Bronzepferde über dem Portal. Ein Fremdenführer erzählt ihm unaufgefordert, der griechische Bildhauer Lysipp habe sie für den Kaiser Nero gemacht. Überall in der Stadt stehen solche Ciceroni herum, die jeden, den sie für einen Fremden halten, mit ihren Erklärungen geradezu überfallen und erst nach einem gehörigen Trinkgeld von ihm ablassen.

Durch die Via della merceria geht Caffarelli zu Fuß zur Rialto-Brücke, in deren Nähe das Teatro Grisostomo liegt. Er läuft auf viereckigen Platten aus istrischem Marmor, der durch Meißelschläge gerauht ist, damit man nicht ausgleitet, denn das Plattenpflaster würde sonst entsetzlich schlüpfrig, sowie es nur ein klein wenig regnet. Der ganze Weg zum Rialto wirkt wie ein ewiger Jahrmarkt. Nirgendwo in der Welt, kommt es ihm vor, herrschen Freiheit und Zwanglosigkeit so unbeschränkt wie in Venedig.

Auf den Plätzen, auf den Straßen, auf den Kanälen – überall wird gesungen. Die Kaufleute singen, wenn sie ihre Waren aufbauen, die Handwerker singen auf dem Heimweg von der Arbeit, die Gondelführer singen, wenn sie auf ihre Herrschaft warten.

Die steinerne Brücke am Rialto überspannt in einem einzigen Bogen den Großen Kanal. Sie ist so hoch geschwungen, daß auch bei höchster Flut die Barken und Schiffe unter ihr durchfahren können.

Venedig ist nicht nur im Sonnenschein eine Pracht. Bei Nacht ist die Stadt vielleicht noch herrlicher als am Tag. Überall stehen Laternen. Die Kosten für die Beleuchtung werden aus einer alljährlichen besonderen Ziehung der Lotterie bestritten. Die Läden haben am Abend bis zehn Uhr geöffnet, auch sie sind hell erleuchtet. Einige schließen gar erst um Mitternacht, und in den Gasthäusern findet man noch spät fertige Abendmahlzeiten.

Wenn dann der Glanz des Mondes sich in den stillen Kanälen spiegelt, immer noch einige schwarze Gondeln geisterhaft vorbeihuschen, an einer Treppe, die zum Wasser führt, ein Gondoliere ausgestreckt liegt, seine Herrschaft oder Kunden erwartet und dabei, um sich die Langeweile zu vertreiben, leise ein Lied, das ihm am Abend in der Oper besonders gefallen hat, vor sich hin singt, dann weiß man nicht, ob man wacht oder träumt.

Jeden Abend fährt Caffarelli mit einer verdeckten Gondel durch die schmalen Kanäle, vorbei an der Kirche Santa Maria dei Miracoli, deren Marmorfassade ihm jedesmal, wenn sie wie schwebend an ihm vorübergleitet, wie ein Wunder vorkommt. Er liebt sie mehr als alle anderen Kirchen mit ihren reichen Schätzen, ihren kostbaren Gemälden. Die Gondel fährt weiter durch den Rio di San Lio und hält an einem von außen unscheinbaren vierstöckigen Haus. Nur eine kleine Tempelfront zu ebener Erde mit zwei dorischen Säulen und einem griechischen Giebel deutet an, daß hier der Bühneneingang des berühmtesten Opernhauses von Italien ist.

Tagsüber sitzt Caffarelli häufig im vor 10 Jahren eröffneten Café Florian auf dem Markusplatz. Um ihn herum wimmelt es von Richtern in schwarzen Talaren, Patriziern in roten Mänteln, Türken, Griechen, Dalmatinern und Levantinern aller Stämme in bunten Kaftanen. Caffarelli sieht Taschenspielern zu, hört predigende Mönche oder Improvisatoren, die sich vom Publikum ein Thema stellen lassen, zu dem sie dann aus dem Stegreif Verse deklamieren. In kleinen Marionettentheatern werden Komödien oder Heldenstücke gespielt. Quacksalber, Ciarlatani jeder Art, bieten ihre Künste an.

Gegen Ende des Karnevals wird gemunkelt, es seien Agenten aus London in Venedig, die Sänger für ein neues Opernunternehmen in der englischen Hauptstadt suchen. Porpora sei zum künstlerischen Leiter berufen worden, im Herbst solle die erste Spielzeit beginnen. Caffarelli rechnet fest damit, daß man ihn auffordern wird, nach London zu kommen. Doch niemand spricht ihn an.

Irgendwann erfährt er, daß Farinelli engagiert wurde und daß dessen Debüt in London in Hasses *Artaserse* sein soll, der Oper, in der er mit Farinelli abends in Venedig auf der Bühne steht. Caffarelli wird beleidigt gewesen sein, daß Porpora ihn so offensichtlich links liegen läßt, und zugleich erleichtert, daß er nicht wieder neben und unter Farinelli singen muß. Und wenn Farinelli nach London geht, dann wird Caffarelli endlich sein, was sein Lehrer ihm einst prophezeit hat: der beste Sänger Italiens.

Der königliche Sänger

So finden wir Caffarelli im Juli 1734 in Neapel wieder. Die Reise von Venedig in den Süden ist ihm besonders mühsam vorgekommen. Das häufige Überqueren der Flüsse in der allerorten von Wasserläufen durchschnittenen Ebene des Po war nicht nur zeitraubend, sondern auch kostspielig. Zweimal erlebte er, daß die Deichsel oder die Achse des Wagens brach. Im Apennin gab es grausliche Regengüsse. Die Gebirgsstraßen hatten manchmal so steile Steigungen, daß die Reisenden aufgefordert werden mußten, zu Fuß neben der Kutsche zu gehen, weil die Pferde sonst die Last nicht bewältigt hätten.

Auf jeder Posthalterei mußte Wegegeld gezahlt werden. Dabei waren die Straßen in einem jämmerlichen Zustand. Das Geld wurde wohl gesammelt, um die Straßen in hundert Jahren um so perfekter ausbessern zu können.

Auf der ersten Poststation hinter Siena waren alle Pferde in weitem Umkreis bestellt, weil ein ausländischer Prinz, der auf seiner »Kavalierstour« durch Italien war und mit 50 Pferden reiste, gerade hier Station machte. Alle Wohnungen waren von seinem Gefolge besetzt, alle Lebensmittel aufgebraucht.

Schließlich erreicht Caffarelli doch noch erschöpft und mißmutig Neapel. Es ist sein erstes Wiedersehen mit der Stadt, die er vor acht Jahren als Sechzehnjähriger verließ, um in Rom sein Glück zu versuchen – und zu finden.

Seine Großmutter und seine Mutter, die einzigen Personen, die ihm in seiner Kindheit etwas bedeutet haben, sind fast zehn Jahre tot. Sein Lehrer Porpora, der gleichsam ihre Stelle eingenommen, den er bedingungslos verehrt hat, ist für ihn von seinem Podest gestürzt. Mit seinen 24 Jahren ist er eigentlich kaum mehr als ein großes Kind, aber was hat er schon erlebt! Er ist froh, daß er nicht mehr von Porpora abhängig ist, doch seit sein Lehrer nicht mehr hinter ihm steht, fühlt er sich allein und manchmal auch unsicher. Seine unzähligen Liebschaften waren nicht mehr als eine schäbige Ersatzbefriedigung, und wenn er ehrlich ist, waren sie nicht einmal das. Und vor jeder neuen Aufführung die Angst, ob das Publikum ihm treu bleiben wird, die beständige Furcht vor Intrigen der Kollegen, vor den Bosheiten der Claque. Er ist unendlich einsam, obwohl er umschwärmt wird, alle Gesellschaft haben kann, die er nur will, die von Prinzen ebenso wie die von Hafenarbeitern, von Hofdamen wie von Waschweibern. Männer und Frauen himmeln ihn an – was hat er davon? Vielleicht ist es eine Flucht aus seiner inneren Einsamkeit, daß er seit dem Auftritt in Bologna unausstehlich geworden ist für fast alle, die auf der Bühne und außerhalb des Theaters mit ihm zu tun haben.

Neapel hat sich in seinen Augen völlig verändert. Er hat Venedig gesehen, Turin und Rom – jetzt kommt ihm Neapel geradezu armselig vor. In der Stadt soll es mehr als 25 000 Bettler geben. Die Springbrunnen auf den Plätzen sind kümmerlich. Die Via Toledo wird als die schönste Straße Europas gepriesen, aber Unrat, der fast überall einen halben Fuß hoch herumliegt, entstellt sie grausam. Sie ist zwar elegant mit großen Lavasteinen gepflastert, doch an vielen Stellen sind Steine aus ihren Verfugungen gerissen, so daß er in den Löchern mit seinen hochhackigen Schuhen stecken bleibt. Außerdem verbaut rechts und links eine Reihe häßlicher Buden und Metzgerstände die Sicht auf die Fassaden der Häuser.

Andererseits genießt er es aber auch, hier einfach zu einem fliegenden Maccaroni-Händler zu gehen, sich eine hölzerne Schüssel geben zu lassen, voll von dieser rauchenden Mehlspeise, auf die geriebener Käse gestreut ist. Caffarelli liebt es, die Nudeln mit seinen Händen zu fassen, sie mit einem Handgriff untereinander zu rühren, wie es ein Nicht-Neapolitaner kaum zustande bringen dürfte. Dann geht er zu einem Limonadenverkäufer und trinkt einen großen Becher voll mit Zucker versüßtem Wasser, in das weit mehr Zitronensaft gegeben ist, als er im Caféhaus auf dem Markusplatz von Venedig je erhalten hat.

Und danach geht er hinauf zum Schloß San Elmo, genießt den herrlichen Blick auf den Golf, auf die Ebene mit dem Vesuv, auf Portici und die Inseln. Hier versteht er, daß die Neapolitaner sagen, wenn Gott von allen Sorgen der Welt ermüdet und selbst der paradiesischen Freuden überdrüssig sei, dann schaue er auf Neapel. Das sei ihm der angenehmste Zeitvertreib.

Auch politisch ist in Neapel alles anders geworden. Vor etwas mehr als einem Jahr, am 1. Februar 1733, ist Hasses Dienstherr, der sächsische Kurfürst August der Starke gestorben. Als August II. war er zugleich gewählter

König von Polen. In Frankreich lebte derweil der vertriebene polnische König Stanislaus Leszczynski im Exil. Ludwig XV. ist auf kuriose Weise sein Schwiegersohn geworden. Der minderjährige König von Frankreich war mit einer spanischen Infantin verlobt. Als Ludwig mit 15 Jahren die Regentschaft übernahm, war seine Braut erst 9 Jahre alt. Zu oft hatte es in der letzten Zeit in Europa Kriege gegeben, weil in einem regierenden Fürstenhaus kein Thronfolger zur Verfügung stand. Königinnen wurden deshalb in erster Linie als Gebärmaschinen angesehen, die die dynastische Kontinuität mit möglichst vielen potentiellen Thronfolgern sicherzustellen hatten. Aber von einer Neunjährigen war beim besten Willen auf absehbare Zeit kein Dauphin zu erwarten. So schickte man die kleine Infantin einfach nach Madrid zurück. Da in ganz Europa keine standesgemäße Prinzessin in gebärfähigem Alter aufzutreiben war, wurde Ludwig kurzerhand mit der zweiundzwanzigjährigen Tochter des landlosen polnischen Königs vermählt, der in Frankreich ein armseliges Leben im Exil fristete.

Nach dem Tod des gewählten polnischen Königs aus Sachsen versuchte nun die französische Diplomatie, den Vater der französischen Königin wieder in Warschau zu inthronisieren. Die Erklärung des Wiener Hofes, eine Rückkehr Leszczynskis auf den polnischen Thron in keinem Fall zu dulden, verletzte das polnische Selbstbewußtsein und trug dazu bei, daß Stanislaus am 12. September mit großer Mehrheit vom polnischen Adel zum König gewählt wurde. Mit militärischer Gewalt wurde die Annullierung der Wahl durchgesetzt, unter dem Druck der drei Nachbarn Polens, Rußland, Preußen und Österreich der neue sächsische Kurfürst Friedrich August als August III. zum König von Polen ausgerufen.

Wieder begann ein Erbfolgekrieg in Europa, und wie schon zu Beginn des Jahrhunderts beim Spanischen, wurde auch beim Polnischen Thronfolgekrieg Süditalien zum Kriegsschauplatz. Die französische und spanische Linie des Hauses Bourbon verbündete sich gegen Österreich. Am 25. Mai 1734 kam es in der Ebene vor Caffarellis Geburtsstadt Bitonto zur Schlacht zwischen österreichischen und spanischen Truppen. An der Schlacht nahm auch Don Carlos teil, der erst achtzehnjährige Sohn des spanischen Königs. Vor nicht langer Zeit wollte ihn seine ehrgeizige Mutter, die gebürtige Italienerin Elisabetta Farnese, mit der österreichischen Thronfolgerin Maria Theresia verheiraten. Jetzt gewann der Prinz die Herrschaft über Süditalien und Sizilien von eben diesem Österreich nicht durch Heirat, sondern im Krieg.

Noch ist Don Carlos nicht als neuer König in Neapel eingezogen, da hat Caffarelli sein neapolitanisches Operndebüt. In *Il castello d'Atlante* von Leonardo Leo versetzt er die Stadt geradezu in einen Fieberrausch.

Er kann jetzt mit seiner Stimme machen, was er will. Er kann sie anschwellen lassen, sie zurücknehmen und dann wieder zu einem forte steigern, und das alles ohne Übergänge, ohne Atemholen, mit einem gleichbleibend verführerisch schönen Klang. Er ist kein großer Schauspieler, aber das ist auch nicht nötig. Seine Stimme genügt, alles auszudrücken. Caffarellis schöpferische Einbildungskraft, mit der er tausend unbekannte und fremde

Formen des Gesangs zu erfinden scheint, faszinieren das Publikum. Seine Intonation ist immer vollkommen rein. Niemand schlägt Triller mit einer so außerordentlichen Leichtigkeit. Sein Geschmack und Erfindungsreichtum bei den Verzierungen, eine gleiche Vollendung im leichten wie im pathetischen Stil, so wie es die Stimmung einer Szene erfordert, das alles macht die Neapolitaner staunen und versetzt sie in einen Sog der Begeisterung. Nicht ausschweifende Manieren und Rouladen sind es, womit der Sänger beeindruckt, sondern eine innere Teilnahme. Er bringt eine eigene Art des Vortrags hervor, als würde er im tiefsten empfinden, was er singt. Die Zeit scheint während seiner Arien stille zu stehen und das Publikum empfindet ein Vergnügen, das man in Italien den Vorgeschmack des Paradieses nennt.

Anläßlich des Geburtstags der Kaiserin Maria Theresia hat der damals noch österreichische Vizekönig von Neapel am 28. August 1733 die Oper eines erst vierundzwanzigjährigen Schülers von Vinci aufführen lassen. Aber nicht seine Opera seria *Il prigioner superbo – Der stolze Gefangene* hat an diesem Abend Furore gemacht, sondern das heitere Intermezzo *La serva padrona – Die Magd als Herrin*, das sozusagen als Pausenfüller zwischen den Akten der Oper gegeben wurde, damit die Zuschauer, die keine Bekannten im Theater getroffen hatten, mit denen sie sich unterhalten könnten, sich nicht langweilten. Auch das Intermezzo hat der junge Giovanni Battista Pergolesi komponiert.

Der designierte spanische König von Neapel hält zwar nicht allzuviel von Musik, aber der Geburtstag seiner

Mutter, der spanischen Königin Elisabetta, soll am 25. Oktober 1734 auch mit einer Oper gefeiert werden. Weil die Melodien aus *Die Magd als Herrin* überall in Neapel auf den Straßen gepfiffen werden und Don Carlos großen Wert darauf legt, volkstümlich zu erscheinen, erhält Pergolesi wieder den Kompositionsauftrag. Die Hauptrolle soll der neue Star Caffarelli singen.

Als Libretto wird Metastasios *Adriano in Siria* bestimmt und dem Komponisten aufgetragen, bei der Bearbeitung des Librettos und der Aufteilung der Arien in allem auf die Wünsche des ersten Sängers einzugehen.

Komponist und Sänger sind beide 24 Jahre alt, aber während Caffarelli sich bereits auf der Höhe des Ruhms sonnen kann, hat der Komponist gerade einen Erfolg vorzuweisen. Schon beim ersten Treffen mit Pergolesi muß Caffarelli aufgefallen sein, daß der Komponist nicht gesund ist. Er hat ein flachsweißes Gesicht, atmet stoßweise. Mit seiner wulstigen Nase strahlt er nicht eine Spur von Jugend aus. Hinzu kommt noch, daß Pergolesi beim Gehen ein Bein nachzieht. Es bleibt offen, ob das körperliche Gebrechen Caffarelli abgestoßen oder eher für den Gleichaltrigen eingenommen hat: auch der Komponist ist kein ganzer, kein vollwertiger Mann.

Caffarelli meldet eine Fülle von Änderungswünschen an. Sie betreffen nicht nur die Texte seiner Arien, sondern auch ihre Anzahl, ihren Charakter, ihre Position in der Oper, ihr Verhältnis zu den Arien der anderen Sänger. Das Ergebnis seiner Revisionsforderungen ist, daß von insgesamt 27 Arien, die in Metastasios Libretto stehen, acht ganz gestrichen und neun umgeschrieben werden. Nur der Text von zehn Arien wird unverändert

Der Komponist Giovanni Battista Pergolesi

übernommen. Das Schlußduett zwischen Primadonna und Kastrat wird völlig neu hinzugefügt.

Caffarellis Arien in Pergolesis *Adriano* haben nichts mehr von Metastasio. Vom Text her stehen sie beinahe isoliert in der Oper. In der musikalischen Gestaltung unterscheiden sie sich von allem, was der junge Komponist bis dahin geschrieben hat. Sie sind eigentlich Konzertstücke, in denen dem Sänger, ohne Rücksicht auf die Handlung, die Möglichkeit gegeben wird, vokal zu glänzen, in jeder Arie anders und mit neuen Effekten.

Der Feldherr Hadrian (Adriano), der als Eroberer von Parthien in Rom gerade zum neuen Kaiser ausgerufen wurde, hat sich in die gefangene Prinzessin Emirena verliebt. Ein Intrigant überzeugt sie davon, Hadrian werde ihren Verlobten Farnaspe umbringen, wenn sie ihm nicht entsagt. Emirena verleugnet deshalb im Beisein Hadrians vor Farnaspe nicht nur ihre Liebe, sie behauptet sogar, ihn kaum zu kennen.

Der reagiert darauf mit einer aria di bravura in einem allegro spirituoso, mit herrlich lang ausgehaltenen Tönen, am Anfang pathetisch und lyrisch zugleich. »Sul mio cor so ben qual sia – ich weiß nur zu gut, welche Macht der Blick deiner Augen auf mein Herz hat; einer allein würde genügen, die Standhaftigkeit meiner Seele ins Wanken zu bringen.« Es ist Caffarellis erste Arie in der Oper, und gleich der zweite Ton, den Caffarelli zu singen hat, führt in schwindelnde Höhen. In einem atemberaubenden Lauf nach unten durchmißt die Stimme zwei Oktaven, ein weiter Intervallsprung führt sie sofort wieder hinauf. Die ersten Verse werden wiederholt, auf dem »costanza« folgt eine Kette von Trillern, Läufen und

Schwelltönen. Der Mittelteil der Arie ist ein schmachtendes Larghetto, in dem Caffarelli den Schmelz seiner Stimme auskosten kann. Die folgende Arie der Primadonna Giustina Turcotti bleibt blaß und ohne Virtuosität, als ob der Sänger dem Komponisten aufgegeben hätte, die Sängerin gegen ihn abfallen zu lassen.

Am Schluß des ersten Aktes liegt Farnaspe in Ketten in einem dunklen Gefängnis, wo ihm Emirena ihre Liebe versichert. In einer Arie beklagt sie ihr Schicksal. Farnaspe antwortet darauf mit einer Nachtigallenarie: »Lieto così tal volta – so fröhlich singt die Nachtigall in ihrem Käfig, wenn die treue Gefährtin auf ihren schmerzlichen Gesang antwortet ...« Eine Solo-Oboe begleitet die Gesangsstimme, das Streichorchester spielt pizzicato. Caffarellis Stimme antwortet der Oboe, es wird ein klagender Wechselgesang mit Modulationen, die so gewagt sind, daß sie fast dissonant klingen und dadurch den Schmerz wirklich fühlbar machen. Da in dem riesigen Theater kaum jemand Details auf der Bühne unterscheiden kann, können die Zuschauer bald nicht mehr unterscheiden, ob eine Phrase aus dem Mund des Sängers kommt oder vom Instrument gespielt wird.

Für den Schluß des zweiten Aktes hat Metastasio eine pathetische Arie vorgesehen. Caffarelli wünscht sich eine Gleichnisarie. »Wie der düstere Himmel und die bleierne Stille des Meeres den Schiffer in Angst und Schrecken vor dem aufkommenden Sturm versetzen ...« Pergolesi erfindet dazu zwei alternierende Orchester, das zweite mit Hörnern. Er komponiert eine Musik, deren Töne das ruhige und majestätische Meer malen, über dem sich dunkle Wolken zusammenbrauen. Das zweite Orchester antwortet anfangs etwas leiser, wie ein Echo. Der Sänger konzertiert abwechselnd mit den beiden Ensembles, schließlich mit dem vollen Orchester. Das »il cor fa palpitar – es läßt das Herz erbeben« wird sechsmal wiederholt, und hier darf Caffarelli alles zeigen, was er kann, in einem Strauß von Triolen, acht aufeinanderfolgenden Trillern, einem wiederholten messa di voce.

Weil mit dem *Adriano* der Geburtstag seiner Mutter gefeiert wird, beehrt auch Don Carlos die Vorstellung im Teatro San Bartolomeo. Wie immer bei einem Opernbesuch langweilt er sich entsetzlich, wahrscheinlich hat er während des größten Teils der Vorstellung geschlafen. Caffarelli wird gefeiert, für den Komponisten ist die Oper ein Mißerfolg.

Noch immer kann man in Neapel an jedem Sonnabend Matteuccio in einer der Kirchen hören. Obwohl er über 60 Jahre alt ist, klingt seine Stimme hell und frisch, singt er die improvisierten Verzierungen mit einer Leichtigkeit und Geschwindigkeit, daß jeder Zuhörer, der den Sänger auf der Empore nicht sieht, glauben muß, da singe ein Jüngling in den muntersten Jahren.

1735 zieht Don Carlos in Neapel ein, nennt sich »Von Gottes Gnaden König beider Sizilien und Jerusalems, Infant von Spanien, Herzog von Parma, Piacenza und Castro, Erbgroßherzog der Toskana«. Im selben Jahr wird Caffarelli Matteuccios Nachfolger als erster Königlicher Sänger. Das Jahresgehalt beträgt 500 spanische Dublonen. Die Stelle ist für den Sänger so etwas wie eine Lebensversicherung. Ein regelmäßiges Einkommen und eine Pension sind garantiert, ohne daß eine ständige Anwesenheitspflicht besteht. Caffarelli kann neben seinen Auftritten in Neapel, das er als seinen ständigen Wohnsitz wählt, weiterhin in Italien und in ganz Europa gastieren.

Bei Händel

Mehrmals erhält Caffarelli in den nächsten Jahren ein Angebot, in London aufzutreten. Aber nicht Porpora will ihn engagieren, sondern dieser Händel, den die Cuzzoni ihm in so schrecklichen Farben geschildert hat. Händel leitet ebenfalls ein Opernhaus in der englischen Hauptstadt, und so viel hat Caffarelli verstanden, die Theater von Porpora und Händel stehen in nahezu ruinöser Konkurrenz zueinander. Caffarelli wäre also in London der Rivale Farinellis, nähme er das Angebot Händels an. Jeden Abend würde die Theaterkasse Auskunft geben, wen von beiden das Londoner Publikum für den größeren Sänger hält. Und so sehr es Caffarelli auch reizen würde, sich gegenüber Farinelli zu behaupten, so sehr ängstigt ihn die Möglichkeit – und wenn er ehrlich ist, die Wahrscheinlichkeit – einer Niederlage.

Caffarelli zögert deshalb. Er sagt nicht direkt ab, schiebt andere Verpflichtungen vor, die ihn hindern, das Angebot gerade jetzt anzunehmen. Er kennt Farinelli ja nur zu gut, hat als Gesangsschüler den einige Jahre Älteren verehrt, später mit ihm in Italien mehrmals gemeinsam auf der Bühne gestanden. Aber eben mit ihm zusammen, im selben Stück und am selben Theater. Farinelli hat dabei nie versucht, ihn lächerlich zu machen, allerdings bei den gemeinsamen Engagements auch keinen Zweifel aufkommen lassen, daß er die Hauptrolle spielt, der »primo uomo« ist, und Caffarelli hat das akzeptiert, hat nie gewagt, Farinelli diesen Rang streitig zu machen. Dadurch sind sie gute Kollegen gewesen, haben nie auf der Bühne und vor dem Publikum ihre Rivalität ausgetragen, wie es bei anderen Kastraten und Primadonnen des öfteren vorkam.

In London müßte er dagegen im Wettbewerb gegen Farinelli antreten. Und die Berichte, die er sich aus London hat kommen lassen, besagen unmißverständlich, daß Händels Haus in der Publikumsgunst gegenüber der »Adelsoper« Porporas eindeutig zurücksteht.

Die Londoner »Adelsoper« ist 1734 gegründet worden, um der Königlichen Musikakademie Georg Friedrich Händels Konkurrenz zu machen. Der englische Thronfolger, der sich mit seinem Vater überworfen hatte, wollte, wo er gegen den König nicht direkt zu Felde ziehen konnte, ihn auf dem Nebenkriegsschauplatz des Theaters wenigstens im Hofkomponisten Händel besiegen. Händels bis dahin alles in allem recht erfolgreiches Opernhaus hat durch die Konkurrenz einen Publikumsschwund zu verzeichnen, der den Komponisten wirtschaftlich zu ruinieren droht.

Drei Jahre lang ist Farinelli der Abgott des Londoner Publikums gewesen. Damen fielen in Ohnmacht, wenn nur der Name des Sängers erwähnt wurde. Die reichsten Adligen überboten sich gegenseitig mit kostbaren Geschenken an den vergötterten Star. Händel hat versucht, mit den Engagements immer neuer Kastraten der Popularität Farinellis Paroli zu bieten, doch alle berühmten Sänger sollen nach kurzer Zeit, meist im Streit mit Händel, seine Truppe wieder verlassen haben.

Caffarelli wird über die Londoner Opernsituation

recht genau informiert gewesen sein. Nach Italien kamen viele Touristen von der britischen Insel, und fast alle interessierten sich besonders für die Musik. Italienische Agenten, die Engagements ins Ausland vermittelten, hatten in den wichtigsten Kulturzentren ihre Korrespondenten. Sicher hat Caffarelli auch nicht vergessen, was ihm nicht nur die Cuzzoni von den menschlichen und künstlerischen Schwierigkeiten erzählt hat, die ein Sänger unweigerlich mit diesem deutschen Komponisten bekommen müsse. Er sei ganz und gar nicht bereit, seine Sänger zu ihrem Recht kommen zu lassen, komponiere für sie Arien, in denen er keinerlei Rücksicht auf ihre Schwächen nehme, gestehe ihnen nicht einmal zu, ihre Stärken vor dem Publikum in Improvisationen auszubreiten.

Caffarelli ist auch skeptisch, was das künstlerische Niveau von Händels Kompositionen angeht. In England scheint er eine musikalische Autorität zu sein. In Italien dagegen wird er so gut wie nie gespielt. Noten seiner Werke sind kaum verbreitet. Caffarelli hat nur ein paar Arien gesehen, und die stehen für ihn qualitativ unter allem, was er von den besseren italienischen Komponisten kennt, von Hasse, der ja auch von Geburt Deutscher ist, gar nicht zu reden. Er erwägt deshalb bereits eine endgültige Absage, als ein unerwartetes Ereignis ihn auf andere Gedanken kommen läßt.

Im Sommer 1737 wird Farinelli an den Hof des spanischen Königs gerufen, und seitdem hört man Wunderdinge aus Madrid. Der an Schwermut erkrankte spanische König Philipp V. soll nach monatelanger Apathie allein durch den Gesang des Kastraten geheilt worden sein, so daß er die Regierungsgeschäfte wieder aufgenommen hat. Die fast vollständige politische Lähmung des immer noch mächtigen Weltreichs sei von dem Sänger beendet worden. Es gilt als so gut wie sicher, daß Farinelli nicht mehr nach London zurückkehren wird.

Caffarelli entschließt sich, Händels Engagementsangebot anzunehmen. Im November 1737 trifft er in London ein. Händel hat sich im Sommer in den Bädern von Aachen von einem Schlaganfall erholt, der sicherlich auch auf die fortdauernden Mißerfolge seiner Opern zurückzuführen war. Im Frühjahr hat er in seinem *Giustino* vergeblich versucht, durch Ausstattung und Bühneneffekte das Publikum zurückzugewinnen, hat putzige Tiere, Sturm und Schiffbruch sowie ein Seeungeheuer aufgeboten. Auch diese Oper wurde kein Erfolg. Eine Parodie des *Giustino* mit dem Titel *Der Drache von Wantley* lockte die Zuschauer massenhaft an, die Aufführungen von Händels Oper wurden kaum besucht.

Der Komponist der Parodie, Johann Friedrich Lampe, ist ein Landsmann von Händel. 1726 ist er nach London gekommen, hat anfangs als Fagottist in Händels Orchester gespielt. 1732 hat er seine erste Oper auf ein Libretto in englischer Sprache komponiert. In England hat sich nämlich eine nationale Opposition gegen die italienische Oper breitgemacht, die den Ausverkauf der englischen Kultur zugunsten einer ausländisch dominierten kritisiert. Seit zwanzig Jahren ist es in London üblich, Opern in italienischer Sprache aufzuführen. Ist die englische Sprache für die Bühne nicht geeignet, sind die Werke von Shakespeare und Congreve wirklich nur Altpapier, wie es der Zeichner William Hogarth in einer Karikatur polemisch formuliert?

Lampe will, wie er sagt, in seiner Burleske die »Schönheit des Unsinns«, die in der italienischen Oper vorherrscht, offenbaren. In Händels *Giustino* hat der Titelheld einen Drachen zu erschlagen, der die an einen Felsen gekettete Kaiserin Arianna fressen will. Der Drache von Wantley bedroht keine Kaiserin, sondern frißt den Landbewohnern Toast und Butter weg. Lampes Ritter trinkt sich mit sechs Bechern Bier und einem Viertelliter Schnaps Mut an. Vor dem Kampf stellt er die Bedingung, eine schöne Jungfrau müsse ihn küssen. Der Drache entleert vor dem Exitus seinen Darm auf die Bühne. Das alles gefällt dem Publikum. Und vor allem, der *Drache von Wantley* wird in englischer Sprache gespielt, so daß alle Zuschauer dem Geschehen auf der Bühne folgen können.

Caffarelli wird, als er das Angebot Händels annahm, nicht gewußt haben, daß die italienische Oper in London insgesamt einen Stoß erhalten hatte. Auch Farinellis letzte Auftritte im Frühjahr 1737 haben kein volles Haus mehr garantiert. Für einige Vorstellungen ist das Theater so schlecht verkauft gewesen, daß die Direktion die Aufführungen wegen angeblicher Indisposition Farinellis absagte, um das mangelnde Interesse des Publikums zu verschleiern.

Caffarellis Londoner Engagement steht auch sonst unter keinem glücklichen Stern. Knapp drei Wochen nach seiner Ankunft stirbt am 20. November 1737 die englische Königin Caroline. Bis zum Begräbnis ist Staatstrauer angesagt, alle Theater müssen geschlossen bleiben. Händels neuer Sänger kann nicht auftreten. Er singt zwar hier und da in den Salons von Adligen in London oder auf deren Landsitzen – aber irgendwie will sich keine rechte Begeisterung einstellen. Sei es, daß die Gesangskunst Farinellis seit dessen Abwesenheit noch verklärter erscheint, sei es, daß eine gewisse Gleichgültigkeit an die Stelle der bisher modischen Kastraten-Hysterie getreten ist, Caffarelli muß die Erfahrung machen, daß es viel schwieriger ist, gegen die Legende Farinelli anzutreten als gegen den leibhaftigen Sänger.

Erst im Januar 1738 kann Händel die Saison eröffnen. Die Titelrolle seiner neuen Oper *Faramondo* hat er für Caffarelli geschrieben. Weil es nach längerer Pause die erste Oper in London ist, erhält der *Faramondo* großen Beifall. Aber nicht einmal die ersten beiden Vorstellungen sind ausverkauft, und obwohl alles in der Stadt Caffarelli und die neue Oper preist, wird der Besuch an den nächsten Abenden nicht besser. Das Publikum strömt statt dessen in die wiederaufgenommene Satire *Der Drache von Wantley*. Im Januar gibt es ganze sechs Wiederholungen des *Faramondo*, dann muß Händel das Stück absetzen.

Vielleicht ist es nicht nur die frische Erinnerung an Farinelli, die das Londoner Publikum dazu bringt, Caffarellis Qualitäten so offensichtlich nicht anzuerkennen, vielleicht ist der Sänger auch während seines Londoner Aufenthalts nicht in bester Verfassung. Er wäre nicht der erste italienische Sänger, dessen Stimme die Feuchtigkeit und der ewige Dunst in London zusetzen.

Caffarelli fühlt sich jedenfalls in England sichtlich nicht wohl. Schon die Kanalüberquerung empfand er als eine einzige Zumutung. Die Herbststürme haben das Schiff geschüttelt, zum ersten Mal hat er die Qualen der

Seekrankheit kennengelernt. Häufig betont er, daß er indisponiert ist. Allerdings behaupten Sänger eigentlich immer, gerade nicht gut bei Stimme zu sein. Mag sein, er verträgt wirklich das Klima nicht, vielleicht ist er aber nur deshalb so mißgestimmt, weil er spürt, daß er nicht ankommt, daß er das Londoner Publikum nicht fangen kann, wie er das italienische Publikum immer gefangen hat: mit seiner Stimmakrobatik, mit musikalischen Sensationen, mit seiner Arroganz.

Die Londoner scheinen es zu lieben, in einer Oper die Arien an jedem Abend auf die gleiche Art zu hören oder zumindest nicht allzu verschieden vom vorigen Tag. Das mag daran liegen, daß sie nicht so musikalisch sind wie die Italiener und ihnen deshalb die Melodien nicht so schnell ins Ohr gehen, daß sie sie schon beim zweiten Hören im Geist mitsingen können. Sie spüren den Kitzel gar nicht, wenn Caffarelli sie mit völlig neuen Variationen zu überraschen sucht.

Im Februar präsentiert Händel seinem ersten Sänger die Arien einer gerade fertiggestellten Oper, von der er sich eine Wende in der Gunst des Publikums verspricht. Er hat ein Libretto aus dem vorigen Jahrhundert bearbeiten lassen, ein Libretto in der Art der alten venezianischen Karnevalsoper mit einer Mischung aus heiteren, satirischen und ernsten Elementen. Es hat nichts vom schematischen Stil der Opera seria mit ihren mythischen oder historischen Staatsaktionen, mit Mord und Totschlag und tugendtriefender Moral.

Als Caffarelli das Libretto der neuen Oper, in der er die Titelrolle, den persischen König Xerxes, singen soll, in die Hand bekam, müßte er sich eigentlich an die Abendgesellschaft fünf Jahre zuvor in Mailand erinnert haben, wenn er auch den Namen des jungen Theaterdichters vergessen haben dürfte. Er soll nämlich die Auftrittsarie in der ersten Szene der Oper singen. Händel mutet ihm zu, was er Goldoni so barsch verweigert hat, nach einem kurzen Orchestervorspiel von nur wenigen Takten, wenn das Publikum noch kaum die Plätze eingenommen haben wird, soll er als erster und allein auf die Bühne gehen.

Wir wissen nicht, wie Caffarelli darauf reagiert hat, ob er sich sträubte, die Vorstellung mit einem Arioso zu eröffnen, das ihm noch dazu in seiner Schlichtheit geradezu banal vorgekommen sein muß. Die Komposition bot ihm keine Möglichkeit, wenigstens ein paar Triller anzubringen, allenfalls ein messa di voce. Auch keine hohen Spitzentöne. Ja, es war in seiner Tessitura so tief, daß es dafür gar keinen Sopranisten gebraucht hätte. Dazu noch dieser einfältige Text: Xerxes besingt einen Baum, seine Lieblingsplatane, in deren Schatten er an Sommernachmittagen so gern ausruht. Nichts von Heldentum, von Liebessehnsucht oder Verzweiflung.

Wenn sich Caffarelli anfangs geweigert hat, dieses läppische Liedchen überhaupt zu singen, konnte er immerhin den Triumph auskosten, im voraus gewußt zu haben, daß das Arioso überhaupt keinen Eindruck machen würde. Es wurde erst mehr als 100 Jahre später als Händels »Largo« (die tatsächliche Bezeichnung ist Larghetto) in der ganzen Welt zu einem der populärsten Musikstücke aller Zeiten. Als die Melodie im April 1738 in der Uraufführung des *Xerxes* zum ersten Mal von einem der größten Sänger der Welt vorgetragen wurde, ließ sie das Publikum völlig kalt.

Nicht nur dieses Larghetto, die ganze Oper erweist sich als ungeeignet für die Zeit und die damalige Mode. Die englische Kritik verreißt den Text als den schlechtesten, den Händel je vertont hat. Die Ironie, mit der er den persischen König zeichnet, hat auch Caffarelli nicht verstanden. Vielleicht bleibt die Oper vor allem deshalb so ohne allen Erfolg, weil das Libretto noch nicht alt genug und die Musik zu modern ist.

Der *Xerxes* wird bis zum 2. Mai 1738 nur fünfmal gespielt. Händels letzte erfolgreiche Oper *Alcina* hatte es 1735, als Farinelli noch in London war, auf immerhin 18 Aufführungen gebracht, Hasses *Artaserse* mit Farinelli sogar auf insgesamt 40.

Die Londoner Oper steht kurz vor dem Bankrott. Händel muß seine Ersparnisse, die er den großen Erfolgen früherer Jahre verdankt, fast völlig aufbrauchen, um seine Sänger bezahlen zu können. Der Primadonna der vorigen Saison, Anna Maria Strada, schuldet er noch einen Teil ihrer Gage, deshalb droht deren Ehemann mit dem Schuldgefängnis. Am Karfreitag, an dem keine Oper gespielt werden darf, gibt es ein Benefizkonzert für den Komponisten, in dem Händel Chöre und Arien aus Oratorien dirigiert und selbst auf der Orgel spielt. An diesem Abend ist das Haus nicht nur ausverkauft, auf der Bühne müssen zusätzliche Sitze für 500 Zuschauer installiert werden. Der Kronprinz beehrt mit seiner Frau die Vorstellung. Nachdem seine »Adelsoper« geschlossen ist, kann er sich wieder in Händels Theater sehen lassen. In einer Besprechung des Konzerts kann Caffarelli am 30. März in der »Evening Post« lesen, daß nicht er der Londoner Publikumsmagnet ist: »Die Vorstellung hatte das glanzvollste und sachverständigste Publikum, das man je in diesem Theater gesehen hat, und es ist anzunehmen, daß Herr Händel an dem Abend nicht weniger als 1500 Pfund eingenommen hat.«

Auch diese gewaltige Einnahme bringt für das Theater nur eine Verschnaufpause. Von einer Benefizvorstellung des *Xerxes* für Caffarelli ist nicht die Rede. Wegen der Schließung der Theater während der Hoftrauer hat Händel seinen Abonnenten nicht die zugesagte Anzahl von Opern anbieten können. Zum Ausgleich werden ihnen deshalb für die letzten Vorstellungen der laufenden Saison kostenlose Zusatztickets angeboten. Aber auch so bleibt das Theater halbleer.

Am 23. Mai erscheint in der »Daily Post« und im »General Adviser« die Ankündigung, daß auch für den kommenden Herbst eine Opernsaison vorbereitet wird, für die Abonnements zu 20 Guineen aufgelegt werden. 10 Guineen seien bei Zeichnung anzuzahlen, eine Bankgarantie stelle die Erstattung der Anzahlung sicher, falls die erforderlichen 200 Subskribenten nicht zusammenkommen sollten. Gleichzeitig verhandelt Händels kaufmännischer Direktor mit Caffarelli über eine Verlängerung seines Vertrages. Der scheint noch immer nicht begriffen zu haben, wie seine Aktien in London stehen. Er pokert um die Gage.

Am 26. Juli teilt die Theaterdirektion mit, sie müsse zu ihrem großen Bedauern erklären, daß das Unternehmen in der nächsten Saison nicht fortgeführt werde, da nicht genügend Abonnements gezeichnet worden seien. Außerdem habe sie mit den Sängern nicht einig werden können, obwohl sie einem von ihnen 1000 Guineen angeboten habe.

Caffarelli verläßt England als Geschlagener, zum ersten Mal in seiner Karriere ist der Erfolg ausgeblieben. Er wird dem Komponisten die Schuld gegeben haben.

Die Prügelei in der Kirche

Als Caffarelli aus England nach Neapel zurückkehrt, ist dort das neue Opernhaus, das Teatro San Carlo, bereits fertig und eingeweiht – ohne ihn. Den ersten Spatenstich, wie wir das heute nennen würden, hat Caffarelli vor seiner Abreise nach England am 4. März 1737 noch miterlebt.

Karl IV. von Neapel, der junge bourbonische König, ist ein absolut unmusischer Mensch. Seine Augen blicken meist etwas traurig und scheu. Er beschäftigt sich wenig, spricht wenig, hat nur Sinn für die Jagd. Hinter vorgehaltener Hand wird gewitzelt, er habe das Gesicht eines Schafes, und das Schaf sei ein Tier, das keinerlei Verständnis für irgendeine Art von Wohlklang habe. Man müsse sich nur die Stimmen einer hundertköpfigen Schafherde anhören und werde darin hundert unterschiedliche Halbtöne vernehmen.

Nachdem die von seiner machtgierigen Mutter Elisabetta ursprünglich angestrebte Vermählung mit Erzherzogin Maria Theresia von Österreich durch die Ergebnisse des polnischen Thronfolgekrieges gegenstandslos geworden ist, fällt die zweite Wahl der spanischen Königin pikanterweise ausgerechnet auf eine Prinzessin aus dem Herrscherhaus, dessen Anspruch auf die polnische Krone zum Auslöser des Krieges wurde, der die Bourbonen nach Neapel zurückgebracht hat.

Karl wird mit Maria Amalia, der erst vierzehnjährigen Tochter des sächsischen Kurfürsten verlobt. Die Oper interessiert den neuen König von Neapel zwar überhaupt nicht, aber er glaubt, seiner zukünftigen Frau mit einem prunkvollen Theater imponieren zu müssen. Schließlich ist die Nachricht von der glanzvollen Opernkultur Dresdens bis nach Madrid gedrungen, wo Karl aufgewachsen ist. Auch am spanischen Hof wurde Musik von Johann Adolf Hasse gespielt, der seit 1731 als Hofkapellmeister in Dresden wirkt.

Der neue König von Neapel ist der Sohn des spanischen Königs, seine Mutter ist eine italienische Prinzessin aus dem Haus Farnese, das zu den traditionsreichsten italienischen Adelsgeschlechtern zählt. Aber trotz seiner fürstlichen Herkunft hat Karl das Gehabe eines Parvenüs, als sei er durch die Gunst des Schicksals nahezu aus der Gosse auf den Thron gekommen. Jedes Bauvorhaben, das er in Angriff nimmt, gerät einige Nummern zu groß. Leisten kann er sich alles, was er nur will. Sein Vater ist einer der reichsten Potentaten Europas, aus Peru kommen unermeßliche Mengen Silber nach Madrid, wovon Elisabetta großzügig an ihren Sohn austeilt. Nördlich von Neapel bei Caserta läßt Karl IV. ein Sommerschloß errichten, das die Pracht von Versailles in den Schatten stellen soll. Die Proportionen von Schloß und Park geraten dabei zu einer Monstrosität, die eher lächerlich als majestätisch wirkt.

Auch die Oper ist für Karl nur ein Teil der politischen Propaganda und des fürstlichen Ansehens. Deshalb muß das neue Opernhaus von Neapel größer sein als alle Theater, die es in Europa gibt. Bereits acht Monate nach Baubeginn kann es zum Namenstag des Königs am 4. November 1737 eröffnet werden. Und es ist nicht nur das größte, es ist auch das prächtigste Opernhaus, das man sich denken kann. Über pompöse Treppenhäuser und weite Korridore gelangen die Besucher in ihre Logen, die so groß sind wie kleine Gesellschaftszimmer. Vor der Brüstung jeder Loge prangt ein vergoldeter Wandleuchter, auf jedem flammen drei große Wachslichter. Da das Haus in sechs Rängen 98 Logen hat, wird der Raum neben dem gewaltigen Kronleuchter von weiteren 294 Lichtern in einen künstlichen Tag versetzt. Die vielen Kerzen erzeugen natürlich neben der Helligkeit auch eine unerträgliche Hitze. Deshalb kann man es in den Logen nur aushalten, wenn die Türen offen bleiben. In den Umgängen ist gegenüber jeder Tür ein Klapptisch angebracht, auf dem Bediente der in den Logen befindlichen Herrschaften Konfekt und allerlei Erfrischungen bereithalten.

Die verschwenderische Beleuchtung des Teatro San Carlo ist allerdings nur in den Gala-Vorstellungen üblich, die der König besucht. An anderen Theaterabenden wird so an Lichtern gespart, daß es beinahe stockdunkel ist und man Gefahr läuft, die Beine zu brechen.

Besucht der König die Oper, ist er stets von einem sehr reich und geschmacklos gekleideten Hofstaat umgeben. Meistens plaudert Karl IV. während der halben Oper ungeniert mit den Gästen, die er in seine Loge geladen hat. Unterhält er sich gerade nicht, schläft er gewöhnlich über der Musik ein.

Das Theater ist so riesig geraten, daß die königliche Loge viel zu weit von der Bühne entfernt ist und man von ihren Plätzen kaum Einzelheiten der Inszenierung sehen kann. Böse Zungen sagen, daß man in der anderen

Hälfte des Theaters, in der man sieht, keinen Ton höre. Hinter der Bühne, die sehr breit ist und eine größere Tiefe hat als der Zuschauerraum, liegen die königlichen Gärten. Bei Festen kann man die hintere Bühnenwand wegschieben und die Dekoration in die Gärten verlängern.

Der König hat auch das Stadtschloß von Neapel, ohne auf die Kosten zu sehen, ausschmücken lassen. Im königlichen Appartement stehe kein einziges Bett, wird Caffarelli erzählt, so regelmäßig pflegten Seine Majestät in der Königin ihrem zu schlafen. Die Königin Maria Amalia soll sehr boshaft sein. Nach der ersten Begegnung mit ihrem Bräutigam habe sie, erzählt man sich, gesagt: »Er ist sehr häßlich, aber man gewöhnt sich daran.« Da war sie selbst noch sehr schön. Jetzt habe sie ein Krebsgesicht und eine Stimme wie eine Dohle, weil sie kurz nach der Hochzeit die Blattern bekommen habe.

Am 19. Dezember 1738 steht Caffarelli zum ersten Mal auf der Bühne des San Carlo. Mit seiner strahlenden Stimme hat er keine Probleme, den weiten Raum zu füllen. Seine Partnerin ist Vittoria Tesi. Zu Weihnachten wird eine weitere Oper gespielt, in der der Kastrat Francesco Bernardi, der sich Senesino nennt, die Hauptrolle singt. Der Unterschied zum achtundzwanzigjährigen Caffarelli könnte größer nicht sein. Senesino ist fast 60 Jahre alt. Für ihn hat Händel in den zwanziger Jahren in London fast alle Kastratenrollen seiner Opern geschrieben, in Porporas »Adelsoper« ist er vor drei, vier Jahren neben Farinelli aufgetreten. Seine Virtuosität ist von völlig anderer Art als die Caffarellis. Wenn Senesino Passagen singt, wirken sie nicht wie eingelegte Kadenzen, sie scheinen natürlich aus der Melodie der Arie zu fließen, brillieren nicht mit akrobatischen Kunststückchen. Das Publikum von Neapel tut Senesino als altmodisch ab. Man entdeckt an seinem Gesang Ideenarmut und hundert andere Fehler, an die bisher niemand gedacht hat. Senesino habe seinen Geist erschöpft, sagen die Neapolitaner, sein Sack sei leer.

Caffarelli erfährt, wie leicht sich der Jubel des Publikums in Gleichgültigkeit verwandeln kann. Aller Beifall gilt Senesinos Partnerin, der blutjungen Primadonna Teresa Baratti. Sie ist, wie die Tesi, eine Spezialistin in Männerrollen.

Im Januar 1739 trifft Caffarelli noch einmal auf Porpora, der nach Neapel zurückgekehrt ist und für das San Carlo eine Oper schreibt. Er bemüht sich, mit seinem ehemaligen Lehrer nur zusammenzutreffen, soweit es zur Vorbereitung der Aufführung unbedingt notwendig ist. Caffarelli ist noch immer beleidigt, daß Porpora ihn vor vier Jahren nicht mit nach London genommen hat. Er erinnert sich wohl auch an die kritischen Worte, die Farinelli in Bologna über den gemeinsamen Lehrer geäußert hat. Und vor allem macht ihn unsicher, daß er nicht weiß, was Porpora über sein, Caffarellis, Londoner Engagement gehört haben mag. Porpora hat ja selbst lange in London gelebt, konnte sich dort im Glanz Farinellis sonnen. Er hat sicher noch Kontakte in die englische Hauptstadt. Was mögen ihm seine Freunde über Caffarellis Engagement bei Händel berichtet haben? Daß er das Londoner Publikum nicht im Sturm erobert hat, muß er sich selbst eingestehen.

Die Unsicherheit läßt ihn Porpora gegenüber sehr arrogant auftreten. Der spricht in Neapel fast nur noch abschätzig über seinen ehemaligen Schüler. Er hasse ihn wegen seiner Unverschämtheit.

Ein Trost mag für Caffarelli gewesen sein, daß in Porporas Version von Metastasios *Die wiedererkannte Semiramis* die Tesi seine Partnerin ist. Die Sängerin kann in dieser Oper wieder einmal das androgyne Wesen sein, das sie so vollendet spielt. Die Zuschauer lernen sie als Nino, König von Assyrien, kennen. Tatsächlich ist dieser Nino die verkleidete Prinzessin Semiramis, die vor Jahren mit ihrem Geliebten Scitalce aus Babylon geflohen ist. Aus Eifersucht hat er damals die vermeintlich Treulose in den Nil gestürzt und glaubt sie tot.

Vier der sechs Personen geben vor, jemand anders zu sein, oder werden nicht als die erkannt, die sie sind. Der Zuschauer aber ist stets eingeweiht und durchschaut das Geflecht von Verstellungen und Intrigen. Daß Semiramis das Land, das ihr Asyl gewährt hat, schon seit Jahren als König regiert und niemand dort ihr wahres Geschlecht entdeckt hat, gehört zu den märchenhaften Ungereimtheiten der Oper Metastasios, die ohnehin nicht auf Realismus setzt, sondern auf Verzauberung.

Von der Musik werden die Sinne derart berauscht, daß die Frage nach Wirklichkeit oder Wahrscheinlichkeit nicht aufkommt. Die Verknüpfung von Geschlecht und Stimme scheint aufgehoben. Die für Auge und Ohr widersprüchliche Erscheinung fasziniert das Publikum. Die Zuschauer glauben eine Frau zu hören und sehen einen Mann. Durch die Existenz der Kastraten ist die wahre Identität nicht auszumachen. Es bleibt offen, ob dieser

Mann eine verkleidete Frau ist, und gerade diese Unsicherheit macht einen großen Reiz der Oper aus. Der Gesang erzeugt seine eigene Wahrheit, die von der sichtbaren Wahrheit unabhängig ist.

Nur hohe Stimmen können ein Gefühl von Lust, von Begierde erwecken. Ein Tenor als Liebhaber erschiene einem Barockmenschen geradezu lächerlich. Seine Stimme entspricht nicht der Vorstellung davon, wie ein Verliebter zu singen hat. Daß es zwischen Stimme und Geschlecht einen Zusammenhang gibt, ist bekannt. Worin dieser Zusammenhang physiologisch besteht, bleibt ein Geheimnis, das niemand zu ergründen weiß. Der doppelgeschlechtliche Mensch, der Hermaphrodit, ist ein Traumbild dieser Zeit.

Porporas *Semiramis* wird zum Geburtstag des Königs am 20. Januar 1739 im San Carlo zum ersten Mal aufgeführt. Am Ende des zweiten Aktes gibt sich die noch immer als Mann verkleidete Semiramis ihrem ehemaligen Geliebten, der im Gewand eines indischen Prinzen an den assyrischen Hof gekommen ist, zu erkennen. Scitalce weiß seit längerem um die wahre Identität des »Königs« und bezichtigt seine Geliebte wie früher der Untreue. Von Todessehnsucht erfüllt singt er die technisch höchst anspruchsvolle Arie »Passagier, che su la sponda«. Trotz des Zerwürfnisses hat Porpora für seinen ehemaligen Schüler noch einmal eine Arie komponiert, in der Caffarelli seine ganze Meisterschaft zeigen kann.

In der Kirche Santa Maria Donnaromita in der Nähe der Piazetta Nilo versammeln sich am 8. Juni 1739 viele vornehme Neapolitaner und zahlreiche Schaulustige, um der Zeremonie eines Nonnengelübdes beizuwohnen. Seit 1278 leben Zisterzienserinnen im zur Kirche gehörenden Kloster. Sie sind damals aus Konstantinopel emigriert und haben ihre Kirche nach der griechischen Marienanrufung »Kyria romata – mächtige Herrscherin« benannt. Eine geschnitzte vergoldete Holzdecke läßt das Innere düster wirken, doch wenn sie bei festlichen Zeremonien von den vielen Kerzenflammen zum Leuchten gebracht wird, schafft das eine außerordentlich feierliche Stimmung.

War die Tochter eines Adligen nicht standesgemäß zu verheiraten, sei es, daß sich kein Mann für sie fand, sei es, daß die Familie befürchtete, durch die Mitgift ruiniert zu werden, wurde das Mädchen ins Kloster gesteckt. Der Abschied von der Welt wurde den unfreiwilligen Nonnen durch eine prunkvolle Zeremonie versüßt. Der Vater bestellte für dieses Fest bei einem Komponisten eine Kantate, prominente Sänger machten das Gelübde zu einem gesellschaftlichen Ereignis.

An diesem 8. Juni ist neben Caffarelli sein gleichaltriger Kollege Nicola Reginelli engagiert. Auch Reginelli ist ein Kastrat, geboren in Bari, nur wenige Kilometer von Caffarellis Geburtsort Bitonto entfernt. Zwischen den beiden Sängern gibt es vom ersten Zusammentreffen an eine Spannung, vielleicht nur deshalb, weil Caffarelli sich einbildet, Reginelli kenne Einzelheiten aus seiner Kindheit, habe hier und da anzügliche Anspielungen gemacht, auf seine Familie, seine Herkunft, auf die Umstände, wie und warum er kastriert wurde.

Die Operation ist für Caffarelli, wie für die meisten Kastraten, ein absolutes Tabu. Er hat zwar keine Mystifikationen in Umlauf gebracht, wie es wegen des offiziellen Verbots der Kastration viele seiner Kollegen gemacht haben, etwa, daß sie als Knabe beim Spielen über Pfähle gesprungen seien und sich dabei eine gefährliche Quetschung zugezogen hätten, die eine Operation nötig machte, oder daß sie vom Pferd gefallen seien und sich dabei schwer verletzt hätten. Er hat auch nicht verbreiten lassen, er stamme aus einer vornehmen Familie, sein Onkel sei Professor an der Universität, seine Tante Äbtissin eines Klosters gewesen. Er hat es vorgezogen, über allem, was seine Kindheit betrifft, den Schleier des Unbestimmten zu lassen. Und nun kommt dieser Reginelli und erzählt womöglich Geschichten aus Bitonto über ihn!

Der Violinist Crescenzo verteilt die Noten der Kantate, die für die Zeremonie komponiert worden ist. Da Caffarelli weit entfernt von ihm steht, reicht er die erste Sopranstimme Reginelli und bittet ihn, sie an Don Gaetano weiterzugeben. Neben Reginelli steht der Priester Don Gaetano Leuzzi, der eine Tenorstimme hat, für den die Noten also nicht sein können. Reginelli fragt deshalb, wer denn mit diesem Don Gaetano gemeint sei. Vielleicht spricht er das »Don« dabei in einem leicht spöttischen Ton aus, jedenfalls kreischt ihn Caffarelli an, er sei Don Gaetano, jeder Dummkopf wisse, daß er heute den ersten Sopran singe, und gereizt wiederholt er seine Worte noch etwas lauter und schriller. Reginelli antwortet ihm, noch ganz ruhig, wenn er Don Gaetano sei, dann sei er selber Don Nicola und wolle gefälligst auch so angeredet werden. Es dauert nicht lange, und die beiden Kastraten tauschen gegenseitig alle denkbaren Beleidigungen aus. Als ihm die Schimpfworte ausgehen, fängt Caffarelli an, mit seinem Spazierstock, mit dem er bei der verbalen Auseinandersetzung schon wild in der Luft herumgefuchtelt hat, auf Reginelli einzuschlagen. Reginelli will zurückschlagen, doch sie werden von den anderen Musikern auseinandergerissen, wobei jedem der Kontrahenten der Stock aus der Hand fällt und von Umstehenden in Sicherheit gebracht wird. Caffarelli greift nach dem Bogen eines Kontrabasses, Reginelli läuft in die Sakristei, um seinen Degen zu holen. Er findet ihn nicht sofort, nimmt deshalb ein Stück Holz, das dort herumliegt, und kommt in den Chor zurück. Die zwei Kastraten schlagen aufeinander ein, treffen dabei auch Kirchendiener und Ministranten, die die Streithähne voneinander zu trennen suchen. Schließlich gelingt es einigen Beherzten, sie festzuhalten.

Die Prügelei in der Kirche bleibt nicht ohne Konsequenzen. Das ist etwas anderes als einer der üblichen Theaterskandale. Der Kampf fand unter dem roten Licht statt, das die Anwesenheit des Allerheiligsten im Tabernakel anzeigt. Was Caffarelli und Reginelli getan haben, ist ein Sakrileg, sie haben den heiligen Ort entweiht. Im bourbonischen Neapel soll nicht länger die Sittenlosigkeit der Österreicher geduldet werden, mit den Spaniern ist auch ein Vertreter der Heiligen Inquisition in die Stadt gekommen. Die Neapolitaner beklagen sich, die Österreicher hätten sie zwar bis aufs Hemd ausgezogen, ihnen aber wenigstens die Haut gelassen, und mit der Haut meinen sie die Freiheit im Denken. Die Spanier versuchten dagegen, ihnen auch die Haut noch über die Ohren zu ziehen und plünderten sie im übrigen genau so aus. Über der sprichwörtlichen Lebensfreude liege seitdem ein

Hauch von Aberglauben und Zwang. In Rom, unter den Augen des Papstes, lebe man freier als im Neapel der Spanier.

Caffarelli und Reginelli werden wegen Gotteslästerung angeklagt. Doch Caffarelli hat Glück. Die Inquisition hat in Neapel doch nicht dieselbe Macht wie in Spanien. Auf königliche Weisung wird der Prozeß niedergeschlagen. Der jüngere Bruder des Königs von Neapel wird in Madrid heiraten. Karl IV. schickt, sozusagen als Hochzeitspräsent, Caffarelli nach Spanien. Mit einer strengen Verwarnung macht der sich auf den Weg.

Mit ihm reist Vittoria Tesi, die auch in Madrid singen soll. Und Tramontini, der die Tesi seit ihrer Hochzeit in Bologna auf allen Reisen als ihr gesetzlicher Gemahl begleitet. Auf seinem Schoß hält er einen großen Käfig mit einem Papagei. Die Tesi hat ihn gerade in Neapel erworben. Während der langen Reise richtet sie ihn mit der größten Geduld ab, ihr Lachen nachzuahmen. Zur Belohnung für sein menschenähnliches Gekicher erhält der Vogel jedesmal ein Stückchen Biskuit. Außerdem bringt die Tesi dem Papagei einige Worte in reinstem Italienisch bei.

Der Papagei

Am spanischen Hof hat sich seit der Ankunft Farinellis fast alles verändert. Elisabetta Farnese, die zweite Gemahlin des spanischen Königs Philipp V., hat den Sänger im Sommer 1737 aus London kommen lassen, weil sie sich von seinem Gesang einen wohltuenden Einfluß auf die Depressionen ihres Mannes erhoffte. Seit geraumer Zeit war der spanische König in totale Apathie gefallen. Vielleicht haben einige ältere Hofbedienstete Elisabetta erzählt, vor 40 Jahren sei der kranke Karl II. aus dem Haus Habsburg vom Gesang des Kastraten Matteuccio zwar nicht geradezu geheilt worden, aber sein Zustand habe sich zumindest merklich gebessert.

Als Farinelli in Madrid ankam, war der König bereits einige Wochen nicht mehr aus dem Bett aufgestanden. Die Königin richtete es so ein, daß der Sänger sein erstes Konzert in einem Raum des Palastes gab, der nur durch einen schmalen Flur von den Privaträumen des Königs getrennt war. Alle Türen ließ sie offenstehen, und so konnte der Klang von Farinellis Stimme in das abgedunkelte Schlafzimmer dringen. Farinellis überirdische Gesangskunst schien die bleiernen Ringe, die sich um Herz und Gemüt des Königs gelegt hatten, aufzuschmelzen. Schon während der ersten Arie richtete der König sich in seinem Bett auf, nach der zweiten ließ Philipp den Sänger zu sich bitten, lobte seinen Gesang überschwenglich und forderte ihn auf, sich dafür, daß er dem König von Spanien ein paar unbeschwerte Minuten bereitet habe, eine

Belohnung zu erbitten. Er dürfe alles wünschen, was er nur wolle, es werde ihm gegeben werden. Farinelli, der vorher instruiert worden war, erwiderte, der König möge seinen Dienern erlauben, Ihre Majestät zu rasieren, anzukleiden und zum Staatsrat zu begleiten.

Farinellis Gesang schien den König tatsächlich von seiner apathischen Melancholie zu befreien. Fortan mußte der Sänger täglich am späten Abend in die Appartements des Königs kommen und ihm vier Arien vorsingen. Von einer Rückkehr nach England war schon bald nicht mehr die Rede. Die Nähe zum König machte ihn schnell zum einflußreichsten Mann in Spanien.

Als Caffarelli und die Tesi zwei Jahre später nach Spanien reisten, dürften es beide für ausgemacht gehalten haben, daß Farinelli in Madrid ihren großen gemeinsamen Erfolg von Bologna, der erst sechs Jahre zurücklag, wiederholen wolle. Caffarelli wird deshalb erstaunt gewesen sein, in Madrid zu erfahren, daß Farinelli die Festoper nur inszenieren würde. Seit er der Privatsänger des Königs von Spanien ist, tritt er nicht mehr öffentlich auf. Sein Gesang gehört dem König, und dem König allein. Nacht für Nacht singt er dieselben vier Arien. Und doch erscheinen sie dem König jedesmal wie noch nie gehört, so geschickt variiert Farinelli sie.

Einerseits wird Caffarelli erleichtert gewesen sein, daß ihm in der Hochzeitsoper die Rolle des ersten Kastraten zufällt. Vielleicht ist ihm aber doch nicht ganz wohl dabei gewesen, denn im Zuschauerraum wird sein ehemaliger Rivale Farinelli sitzen.

Sicherlich hat Farinelli nicht nur nach Neuigkeiten aus

Neapel, sondern auch nach Caffarellis Erlebnissen in London gefragt. Caffarelli muß das fast peinlich gewesen sein. Von seinen Triumphen in England zu prahlen, wie er es in Neapel getan haben dürfte, kann er sich Farinelli gegenüber nicht leisten. Der ist inzwischen quasi der Regierungschef von Spanien, erhält deshalb regelmäßig Bericht aus der britischen Hauptstadt. Die spanischen Korrespondenten in London werden zwar Wichtigeres nach Madrid zu melden haben, als den neuesten Theaterklatsch. Aber irgend etwas über Caffarellis Engagement bei Händel könnte Farinelli zu Ohren gekommen sein.

Caffarelli will aber auch nicht zugeben, und gegenüber Farinelli schon gar nicht, daß er in England keinen wirklichen Erfolg hatte. Also faßt er sich kurz und sagt nur, daß die Musik von diesem Händel für einen italienischen Sänger eigentlich zu spröde sei und ihm kaum Möglichkeit biete, seine Qualitäten vor dem Publikum zu entfalten. Farinelli pflichtet ihm sofort bei. Während der drei Jahre, die er in London gelebt hat, ist er Händel kein einziges Mal begegnet, hat auch nie sein Theater besucht. Nur einmal hat er Noten von ihm gesehen. Bei seiner ersten Einladung bei Hofe hat eine der Prinzessinnen, die offenbar ihren Bruder, den Protegé der Oper Porporas, ärgern wollte, Farinelli zwei Arien von Händel in die Hand gedrückt und ihn gebeten, sie vorzutragen. Farinelli hat sie vom Blatt gesungen, und er erinnert sich noch, daß sie in einem Stil geschrieben waren, der ihm völlig fremd war. Er versteht voll und ganz, daß Caffarelli mit diesem Komponisten Probleme hatte.

Wenige Tage vor der Premiere der Oper kommt Farinelli atemlos zu seinen beiden Kollegen. Er muß ihnen sofort erzählen, was er gerade erlebt hat. Vor einer Woche hat er bei einem Schneider einen eleganten Frack für das Fest bestellt. Heute hat ihm der Schneider den Anzug ins Haus gebracht. Als Farinelli um die Rechnung bat, habe der Schneider geantwortet, er habe keine ausgestellt und er wolle auch keine schreiben. Als Bezahlung erbitte er sich eine besondere Gunst. Er wisse zwar, daß das, was er verlange, einen unschätzbaren Wert habe und nur für Könige bestimmt sei. Aber wo er nun einmal die Ehre gehabt habe, für einen Mann zu arbeiten, von dem alle Menschen in Madrid nur mit der höchsten Verehrung redeten, sei die einzige Bezahlung, die er annehmen wolle, eine Arie, von Farinelli gesungen.

Er sei zuerst verärgert gewesen, erzählt Farinelli, habe den Schneider aufgefordert, seinen Preis zu nennen. Doch der Schneider insistierte auf seiner Bitte und erklärte, in bescheidenem Ton zwar, auf keinen Fall Geld annehmen zu wollen. Er zitterte bei seinen Worten ein wenig aus Furcht vor seiner kühnen Forderung. Schließlich gab Farinelli nach. Er nahm den Schneider mit in sein Musikzimmer und sang ihm seine brillanteste Arie vor. Farinellis Bruder Riccardo Broschi hatte sie für die erste Londoner Aufführung von Hasses *Artaserse* hinzukomponiert: »Son qual nave agitata … – Ich fühle mich wie ein Schiff, das auf dem tosenden Meer von den Wellen hin und hergeschleudert wird« – und wenn er auf dem »a« von »nave« einen minutenlangen Schwellton geradezu durch das Theater schweben ließ, dann ist dem Londoner Publikum jedesmal der Atem stehen geblieben.

Auch der Schneider war sprachlos. Vor Bewunderung schien er sich geradezu in sich selbst zu verkriechen, und je überwältigter der Schneider war, um so mehr suchte Farinelli sich selbst zu übertreffen. Als er schließlich die Arie mit einer gewaltigen Kadenz und zahlreichen Trillern beendet hatte, war der Schneider völlig in Ekstase, küßte Farinelli die Hände und wollte sich mit Kratzfüßen und im Rückwärtsgang aus dem Musikzimmer entfernen. Farinelli hielt ihn zurück: »Ich habe Euch nachgegeben, nun ist es nur gerecht, daß auch Ihr mir nachgebt!« Dann nahm er seine Börse und bestand darauf, daß der Schneider von ihm nahezu das Doppelte dessen annahm, was der Anzug hätte kosten dürfen.

Nachdem Farinelli dieses Erlebnis der Tesi und Caffarelli erzählt hat, fügt er nachdenklich hinzu, die hartnäckige Forderung des Schneiders, ihn singen zu hören, habe ihm mehr geschmeichelt als aller Applaus, den er in London, Venedig oder Wien vom elegantesten Publikum empfangen habe. Die Tesi versteht das sofort. Caffarelli fällt es schwer, Farinellis Empfindungen nachzuvollziehen.

Am 4. November 1739 findet die Premiere der Hochzeitsoper statt, *Farnace* von Francesco Corselli, der 1734 aus Parma an den Hof von Madrid als Musiklehrer der Infantin gekommen und 1738 auch zum Kapellmeister der königlichen Kapelle ernannt worden ist. Als Farnace, König von Pontus, ist auf dem Theaterzettel »Cayetano Mariano Caffarelli« verzeichnet. Caffarellis Geburtsname Majorano ist nicht, wie in dieser Zeit häufig, falsch geschrieben. Mariano ist der Familienname von Caffarellis Großmutter, die ihren Enkel so geliebt und ihn bei

Farinelli in Gala-Kleidung

seinem Entschluß, die Operation an sich vornehmen zu lassen, bestärkt, die sein Leben in jeder Hinsicht total verändert hat. An sie will Caffarelli an dem Abend seines Triumphs vor den Ohren Farinellis erinnern.

Vittoria Tesi hat es verstanden, auch in Spanien eine Schar von Bewunderern um sich zu versammeln, leben doch in Madrid viele Italiener, die die spanische Königin, die ja eine Prinzessin von Parma ist, dorthin gezogen hat. Am Abend nach der Premiere des *Farnace* gibt die Primadonna eine große Gesellschaft, zu der auch Spanier von hohem Rang eingeladen sind. Unter den Gästen ist der Komponist Corselli und, wir dürfen sicher sein, auch Caffarelli. Farinelli hat, wie jede Nacht, vor dem König zu erscheinen, um seine vier Arien zu singen. Deshalb mußte er absagen.

Im Empfangszimmer der Wohnung, die der Primadonna für ihren Aufenthalt in Madrid zur Verfügung gestellt worden ist, steht der Käfig mit dem Papagei, den die Sängerin aus Neapel mitgebracht hat. Zu vorgerückter Stunde bringt irgend jemand das Gespräch auf den exotischen Vogel. Ein Spanier fragt, ob er denn auch sprechen könne. Die Tesi bejaht das, geht zum Vogelkäfig, nimmt das Tuch ab, mit dem sie den Vogel bereits für die Nacht zugedeckt hat, und schwatzt mit ihm eine Menge banales Zeug. Der Papagei gibt Laute von sich, die man bei gutem Willen als italienische Worte durchgehen lassen kann. Corselli, der in Neapel geboren ist, sagt scherzhaft, man merke sofort, daß dieser gelehrte Vogel in Neapel studiert habe, denn er spreche unverkennbar den Dialekt dieser Stadt. Die Tesi geht darauf ein und erwidert, wenn es darauf ankomme, spreche der Papagei auch das beste Toskanisch, sie werde es der Gesellschaft sogleich beweisen.

Sie klingelt nach ihrem Kammermädchen und läßt sich eine Schale mit Biskuits bringen. Sie stellt an den Vogel eine Frage und hält einen Keks an die Stangen des Käfigs, aber so, daß der Papagei ihn nicht mit dem Schnabel erreichen kann. Er scheint tatsächlich die Fragen richtig zu beantworten und erhält jedesmal ein Stückchen vom Biskuit. Fast alle machen der Primadonna Komplimente, mit welcher Geschicklichkeit sie dem Vogel seine Weisheit beigebracht habe. Ein paar Spanier tuscheln miteinander, das alles könne nicht mit rechten Dingen zugehen, dahinter müsse eine veritable Hexerei stecken.

Der Tesi bleibt dies Gemurmel nicht verborgen und es reizt sie, noch eins draufzusetzen. Sie bittet die Gesellschaft, wieder Platz zu nehmen, bringt sie dazu, Witze zu erzählen, und auf jeden Witz reagiert sie mit einem aufgesetzten Kichern. Das ist das Signal für den Vogel, der ein geradezu dämonisches Lachen von sich gibt, und da das wiederum in der Gesellschaft zu Gelächter führt, verdoppelt er seine Anstrengungen, und bald lacht alles, vom Papagei angefeuert, wie im Tollhaus. Nur die Herren, die von Hexerei gemurmelt haben, bleiben ernst, und bald empfehlen sie sich.

Auch Caffarelli bricht auf. Ihm hat der Scherz nicht besonders gefallen, vielleicht weil er selbst beim Sprechen immer noch den neapolitanischen Dialekt nicht ganz verleugnen kann und sich irgendwie vom Papagei verhöhnt fühlt. Auf der Treppe hört er, wie einer der Spanier etwas murmelt, was wie Großinquisitor und anzeigen klingt, aber er ist nicht sicher, ob er richtig verstanden hat und denkt nicht weiter darüber nach.

Als Caffarelli am nächsten Tag kurz vor Mittag wie gewohnt bei der Tesi vorspricht, um sie zu einer Spazierfahrt abzuholen, findet er die Sängerin in Tränen aufgelöst. Nur unter Schluchzen kann sie ihm erzählen, was Schreckliches geschehen ist. Sie war gerade damit beschäftigt, ihrem Liebling Futter zu geben, da läutete es an der Tür. Ihr Diener führte zwei schwarzgekleidete, fast vermummte Männer in ihr Besuchszimmer. Ihnen folgten zwei Diener, die einen großen Korb trugen, der mit einem schwarzen Tuch bedeckt war. Als die beiden Männer sie mit dem Vogel beschäftigt sahen, fuhr einer der beiden sie an, ob das der Papagei sei, der gestern abend ihre Gesellschaft in so große Furcht versetzt habe. Die Tesi erwiderte lachend, ja, aber wer sie denn seien und womit sie ihnen dienen könne. »Der Großinquisitor schickt uns, Ihren Papagei der Inquisition zu überliefern, Madame«, war die Antwort. Zuerst glaubte die Tesi, das ganze sei nur ein Scherz, und kicherte laut, was der Papagei mit seinem krächzenden Lachen beantwortete. Sofort griffen die Schwarzgekleideten nach dem Käfig. Alles Protestieren der Diva half nichts. Mit geheimnisvollem Gesicht setzten sie den Käfig in den Korb, bedeckten ihn mit dem schwarzen Tuch und trugen ihn, ohne sich von dem lauten Protestgeschrei der Sängerin beeindrucken zu lassen, aus dem Haus.

Während sie von ihrem Unglück erzählt, bricht die Tesi immer wieder in Tränen aus, jammert um ihren geliebten »amico«, wie sie den Vogel nennt. Caffarelli gelingt es nicht, sie zu trösten. Es gibt nur eines, sie müssen sofort zu Farinelli fahren. Caffarelli ist zwar eifersüchtig, daß nicht er, sondern der Freund, der auch hier wieder der überlegene Konkurrent ist, allein helfen kann. Aber er sieht keine andere Möglichkeit.

Farinelli berichtet dem König bei seinem nächtlichen Gesangsvortrag von dem Vorfall, versichert, daß die Weisheit des Papageis nichts mit Zauberei zu tun habe, einzig das Werk von Dressur sei. Er muß seine ganze Beredsamkeit aufbieten, Philipp V., der, obwohl ein Franzose von Geburt, inzwischen zum abergläubischen Spanier geworden ist, von der Unschuld des Vogels zu überzeugen. Der König verspricht ihm schließlich, am nächsten Tag als erstes die Freilassung des Papageis zu verfügen. Aber es dauert mehr als eine Woche, bis die Tesi ihren amico aus dem Gefängnis der Heiligen Inquisition zurückerhält.

Caffarelli mag sich nicht ausmalen, was ihm widerfahren wäre, hätte er sich in Madrid in einer Kirche geprügelt.

Der Kapriziöse

Im November 1740 ist Caffarelli wieder in Neapel. Er ist jetzt 30 Jahre alt. Das durch die Operation verzögerte Knochenwachstum ist zu seinem Ende gekommen. Er ist nicht zu einem Monster geworden wie Berenstadt, aber Caffarellis Brustkasten und seine Lungen haben sich zu abnormer Größe entwickelt, Stimme und Atem dadurch eine Kraft gewonnen, die die Zuhörer staunen macht und überwältigt.

Seinen Sängerkollegen gegenüber benimmt Caffarelli sich noch unverschämter als bisher. In ganz Italien wird er als der größte Sänger gepriesen. Er hat es nicht mehr nötig, gewissermaßen vorbeugend potentielle Konkurrenten in die Schranken zu weisen. Wenn er seinen Launen freien Lauf läßt, geschieht es jetzt aus purer Bosheit. Er will seine Kollegen niedermachen.

Am 20. Januar 1741 beschimpft er in einer Aufführung von Gaetano Latillas Oper *Olimpia nell'isola di Ebuda* seine Partnerin, die junge Primadonna Teresa Baratti, auf offener Bühne, steigert sich in Wut, macht anstößige Gesten in ihre Richtung. Der Bühnenreport hält fest: Er störte die anderen Sänger, benahm sich gegenüber einer der Sängerinnen in einer Art, die an Obszönität grenzte, unterhielt sich von der Bühne laut mit den Zuschauern in den Logen, machte ironische Echos, wann immer einer seiner Sängerkollegen eine Arie zu singen hatte, und weigerte sich schließlich, im Ensemble, in dem seine Stimme den Glanz der Musik verstärken sollte, mit den anderen zu singen. Es ist, als ob Caffarelli Benedetto Marcellos satirische Bemerkungen über die Impertinenz der Kastraten als eine Art Dienstanweisung für sein Verhalten nähme. Vielleicht haben aber auch die Klatschmäuler von Neapel und die zu dieser Zeit schon rege Sensationspresse einfach aus dem Marcello abgeschrieben und die dort geschilderten Unarten Caffarelli angehängt.

Wegen der obszönen Gesten, die Caffarelli auf der Bühne gemacht hat, wird er nach der Vorstellung noch im Kostüm verhaftet und ins nahe gelegene Gefängnis San Giacomo gebracht. Er erhält Hausarrest, darf sich aber nach drei Tagen auf Befehl des Königs wieder frei bewegen. Neapel braucht Caffarelli. Die Direktion des San Carlo bemüht sich, an seiner Stelle Gizziello zu engagieren, aber der hat Angst, nach Neapel zu kommen. Gizziello weiß, daß Caffarelli am Teatro San Carlo eine große und sicher auch lautstarke Anhängerschaft hat.

Vielleicht sind die Vorstellungen mit Caffarelli auch deshalb so gut besucht, weil inzwischen mit seinem Auftritt immer die Erwartung eines Skandals verbunden ist. Caffarelli weiß das, und er schürt diese Erwartung. Er gibt sich, wenn die Primadonna singt, betont gelangweilt, betrachtet der Reihe nach den kostbaren Goldschmuck an den Balkonbrüstungen, die hohen Federn der Damenhüte, die sich in den Logen bewegen. Er begrüßt im Parkett seine Bekannten, scherzt mit dem Souffleur oder mit dem Orchester, besieht seinen Ring, klingelt mit der Uhrkette, holt geräuschvoll seine Tabakdose aus der Tasche und entnimmt ihr genüßlich eine Prise Schnupftabak, und das alles, während im Stück eine arme gedemütigte Prinzessin sich um ihren Atem singt, um ihn, den grausamen König zum Mitleiden zu bewegen.

Das Publikum erwartet nach solchen Unverschämtheiten von Caffarelli natürlich artistische Gesangskunststücke, und es kommt nicht selten vor, daß es durch anhaltendes Klatschen die Wiederholung einer Arie erzwingt. Wenn dann das Orchester das Vorspiel wieder beginnt, spaziert Caffarelli betont teilnahmslos im Kreis auf der Bühne herum, als denke er gar nicht daran, mehr als das vertraglich Vereinbarte zu leisten. Doch dann ertönt seine Stimme, und es ist, als ob er erst jetzt richtig zeigen wolle, was er kann. Die Arie beginnt wie beim ersten Mal, entwickelt sich aber sofort anders, er bringt hier eine Variation an, fügt dort eine Verzierung hinzu, verändert Töne, unmerklich fast, verändert die Modulation. Und verlangen die begeisterten Zuschauer danach die Arie gar zum drittenmal, dann zeigt Caffarelli alle Finessen seiner Gesangskunst. Gerade das Unberechenbare einer Opernvorstellung ist es, was viele Zuschauer dazu bringt, an jedem Abend immer wieder dieselbe Oper zu besuchen.

Caffarelli ist ein Star, aber ein Star ist nichts ohne sein Publikum. Der Sänger gehört ihm geradezu. Jeder in Neapel, der nur ein bißchen mehr ist als ein Tagelöhner, redet einen Sänger mit »du« an, nicht mit »Sie«. Auch Caffarelli muß sich das gefallen lassen. Von den geringschätzigen Beinamen für einen »evirato«, einen Entmannten, die er trotz aller Bewunderung hinter seinem Rücken immer wieder flüstern hört, ganz zu schweigen.

1744 erhält Caffarelli das Angebot, für eine Saison am Theater in Padua zu singen. Der dortige Impresario erreicht auch, daß der König Caffarelli Urlaub gibt. Doch der tritt das Engagement nicht an, weil er fürchtet, während seiner Abwesenheit könne in Neapel ein anderer Kastrat zum Liebling des Publikums werden.

Seit einem Jahr ist die etwa fünfundzwanzigjährige Primadonna Giovanna Astrua am San Carlo engagiert. Das Publikum liebt sie bald, und Caffarelli findet, daß das Publikum sie zu sehr liebt. In einer Aufführung von Hasses *Antigono* versucht er deshalb, sie lächerlich zu machen.

In Metastasios Libretto wird Antigonus, der König von Makedonien, im Krieg gefangengenommen. Sein Sohn Demetrius bietet sich als Austausch für den Vater an. Der siegreiche König von Epirus will darauf eingehen, wenn die Verlobte des Antigonus, die ägyptische Prinzessin Berenice, seine Frau wird. Demetrius, der selbst Berenice liebt und von ihr wiedergeliebt wird, soll sie dazu überreden. Im Konflikt zwischen der Fürsorge für den Vater und das Vaterland oder der Zuneigung zu Berenice entscheidet sich Demetrius gegen die Liebe – wie es sich für die Helden Metastasios gehört. Doch bevor sich auch Berenice zur Ehe mit dem ungeliebten König bereit erklärt, bekräftigen die beiden Liebenden gegenseitig ihre unverbrüchliche Treue. Und gerade in dieser Szene voller Zärtlichkeit will Caffarelli der Primadonna demonstrieren, wer Herr auf der Bühne ist.

Der Direktor des San Carlo richtet nach der Vorstellung eine schriftliche Beschwerde an den König: »Als es gestern im königlichen Theater im zweiten Akt zu dem Duett kam, sang der Kastrat Caffarelli die ersten beiden Verse auf eine Weise, die völlig verschieden war von dem, was der sächsische Maestro geschrieben hat. Aber die Primadonna Astrua konnte sich dem mit eigenen Improvisationen anpassen, und die ersten beiden Abteilungen des Duetts gingen einigermaßen reibungslos über die Bühne. In der Wiederholung produzierte Caffarelli dann eine völlig neue Version, die mit der ersten nichts zu tun hatte, voller rhythmischer Variationen und Synkopierungen. Als die Astrua darauf versuchte, bei ihren Versen wieder in das richtige Tempo zurückzukehren, hatte Caffarelli die Frechheit, nicht nur mit seinen Händen zu demonstrieren, in welchem Tempo sie zu singen hätte, sondern ihr außerdem noch vorzumachen, wie sie singen sollte. Dies sah das ganze Haus, und alle verstanden, wie es gemeint war. Ich kann gar nicht schildern, welch einen Skandal dieser Zwischenfall auslöste. Es war ein einziges Gemurmel von Unmut in den Logen und im Parkett!«

Die Astrua hat inzwischen in Neapel auch ihre Claque, die sich gegen Caffarelli zur Wehr zu setzen versucht, so ist sie nicht von vornherein auf verlorenem Posten. Nach fast dreijährigem permanentem Kampf zwischen Kastrat und Primadonna nimmt die Sängerin ein Engagement an die Oper Friedrichs des Großen in Berlin an.

Im Oktober 1747 gebiert die Königin von Neapel nach zehnjähriger Ehe endlich einen Thronfolger. Caffarelli soll aus diesem Anlaß in einer Jubelkantate singen. Auch Gizziello wird für die Festlichkeit engagiert. Caffarelli verkündet überall in der Stadt, er werde dabei Gizziello

Der Kastrat Gizziello

aus dem Takt bringen. Als der nach Neapel kommt, wird ihm das hinterbracht. Vorsichtshalber macht er Caffarelli einen Höflichkeitsbesuch.

Der sieht in Gizziello, dem er in Rom bei seinem Debüt so begeistert applaudiert hat, inzwischen nur noch den jüngeren Rivalen. Caffarelli ist inzwischen 37 Jahre alt. Das ist zwar für einen Kastraten noch kein Alter, in dem er an den Abschied von der Bühne denken muß, weil die Stimme nicht mehr gehorcht. Trotzdem glaubt er, potentielle Konkurrenten in die Schranken weisen zu sollen. Er empfängt Gizziello auf einem Toilettenstuhl sitzend, von dem er sich während des ganzen Besuchs nicht erhebt. Anschließend sorgt Caffarelli dafür, daß der Vorfall in ganz Neapel bekannt wird. Die Aufführung der Kantate geht dann aber vorüber, ohne daß Caffarelli sie stört, und danach werden die beiden Kastraten gute Freunde.

Gizziello singt mit Caffarelli in der Wintersaison auch am Teatro San Carlo. Als Primadonna ist die Tesi engagiert. Es ist ihre letzte Saison in Neapel. 1748 erhält sie das Angebot, in Wien als Metastasios Semiramis aufzutreten.

Die Niederlage

Im nächsten Jahr wird auch Caffarelli an die Wiener Oper eingeladen. Vielleicht hat die Tesi bei diesem Engagement ihre Hand im Spiel. Es ist eigentlich erstaunlich, daß der beste Sänger Italiens in der österreichischen Hauptstadt bislang nicht aufgetreten ist.

Die Erwartungen sind entsprechend hoch, die Vorausreklame ist gewaltig. Caffarelli sei ein Stimmwunder, wie es die Welt noch nicht gekannt habe. Ganz Wien erwartet die Sensation des geradezu Übernatürlichen.

Auch die Kaiserin Maria Theresia, die das Reich der Habsburger seit neun Jahren regiert, will das Wiener Debüt Caffarellis miterleben. Sie hat, wie fast alle Prinzessinnen ihrer Zeit, als Kind einen eigenen Musiklehrer gehabt und es im Gesang so weit gebracht, daß sie vor ihrer Thronbesteigung bei Liebhaberaufführungen in Adelskreisen in Singspielen aufgetreten ist. Damit ihr auch nicht eine Regung des großen Sängers entgeht, nimmt sie mit ihrem Gemahl, dem deutschen Kaiser Franz I. Stephan, im Theater nächst der Burg in der Proszeniumsloge Platz.

Caffarelli spielt den Caesar in Metastasios *Catone in Utica* mit der Musik von Niccolò Jommelli. Caffarelli kennt den vier Jahre jüngeren Komponisten vom gleichzeitigen Studium am Conservatorio Sant'Onofrio. Jommelli ist, seit ihn Caffarelli zuletzt gesehen hat, unbeschreiblich korpulent geworden, stellt die Leibesfülle manches Kastraten in den Schatten. Er habe eine sphäri-

Der Komponist Niccolò Jommelli

sche Figur, bemerkt Metastasio spöttisch. Es ist der 16. April 1749, und an diesem Tag geschieht, was einmal geschehen mußte. Caffarelli kann es sich nachher selbst nicht erklären. Er hat schon einmal einen nicht so guten Tag gehabt, sicherlich, aber was ihm in Wien passiert, das hat es in seiner ganzen Karriere nie gegeben.

Caesars politischen Gegner, den römischen Staatsmann Cato, singt ein deutscher Sänger, der ebenfalls in Wien debütiert. Caffarelli hat ihn in seiner gewohnten Herablassung zunächst nicht beachtet, und auch für das Publikum ist er ein Niemand. Doch bei der ersten Arie des Cato wird es ganz still im Theater. Der neue Sänger, wie der Komponist vier Jahre jünger als Caffarelli, hat einen warm timbrierten Tenor, führt seine Stimme mit einer Geschmeidigkeit, die man bisher nur bei Kastraten für möglich hielt. Der Beifallsorkan zeigt, daß die Wiener den deutschen Tenor zum ebenbürtigen Rivalen des italienischen Kastraten erwählt haben.

Bei seiner ersten Arie stirbt Caffarelli gleich zu Anfang ein Ton ab – und er verliert die Nerven. Er gibt zwar noch nicht auf, will den Kampf aufnehmen, doch er vergißt dabei alles, was er gelernt hat. Die Angst vor dem drohenden Fiasko läßt ihn bei seiner zweiten Arie in der Veränderungssucht so weit gehen, daß er von Anfang bis Ende keine Note so läßt, wie sie notiert ist. Er schleudert sie geradezu von ihrem Platz, Deklamation und Ausdruck mögen dazu sagen, was sie wollen. Da er mit seinen willkürlichen Veränderungen schon bei den ersten Tönen über die Arie herfällt, kann das Publikum nicht mehr unterscheiden, was von ihm herrührt und was der Komponist vorgegeben hat. Dazu fuchtelt Caffarelli wie wild mit seinen Armen auf der Bühne herum, übertreibt jede Geste in einem Maße, daß es nur noch lächerlich wirkt. Statt den Tenor auszustechen, macht er mit seiner affektierten Manier dessen Triumph nur noch vollständiger.

Die Stadt hat kein anderes Gesprächsthema als die große Enttäuschung, die Caffarelli gewesen ist. Gerade weil das Publikum Wunderbares erwartet hat, ist die Kritik um so gnadenloser. Caffarelli singe wie der letzte piepsige Kastrat, der allenfalls noch im Kirchenchor einer italienischen Kleinstadt ein Unterkommen finden könne. Und alle preisen den Tenor Anton Raaf. Er singe wie ein Seraphim.

Auch Maria Theresia äußert offen ihre Unzufriedenheit über den berühmten Kastraten, und das ist in Wien schnell herum. Caffarelli versucht, sein Debakel zu entschuldigen. Die Anwesenheit Ihrer Kaiserlichen Majestäten habe ihn so überwältigt, daß er seiner Stimme nicht mehr mächtig gewesen sei. Natürlich nimmt ihm das niemand ab. Sein Auftreten wird, gemessen an seiner gewöhnlichen, fast schon sprichwörtlichen Arroganz, geradezu bescheiden. Mit wem er auch zusammenkommt, er spricht nur von seiner Niederlage, sucht durch eine Art zerknirschter Selbstherabsetzung den Kritikern den Wind aus den Segeln zu nehmen.

Immerhin kann er in den weiteren Vorstellungen des *Cato* den schlechten Eindruck ein wenig wiedergutmachen. Eigentlich ist er an seinem zweiten Wiener Abend sogar besser, als er jemals gewesen ist. Aber das Urteil, sein großer Ruhm sei nur eine typisch italienische Übertreibung, ist, nachdem es sich einmal in den Köpfen festgesetzt hat, so leicht nicht wieder auszuräumen. Zwar wandeln sich manche der anfänglichen Nörgler zu maßlosen Bewunderern, die ihn in den Himmel erheben. Die Vergleiche, mit denen diese seine Stimme jetzt preisen, sind geradezu gotteslästerlich. Aber es gibt weiterhin unversöhnliche Lästermäuler, die behaupten, Caffarelli singe nur schrill, außerdem völlig unflexibel. Die Rezitative plärre er wie eine alte Nonne, eigentlich wisse er gar nicht, was Singen ist, mute sich Passagen zu, die er nicht bewältigen könne, kurz, alles an ihm sei allenfalls mittelmäßig. Ständig produziere er einen weinerlichen Ton, eine Art Wehklagen, das unfreiwillig komisch sei.

Das Wiener Publikum war offenbar schon 1749 ebenso voreingenommen und arrogant wie heute. Die bei sich beschlossen hatten, Caffarelli nicht gut zu finden, warfen ihm außerdem einen schlechten und antiquierten Geschmack vor, bemängelten, in ihm nur die abgestandene Kunst eines Matteuccio zu hören. Das war allerdings in Wirklichkeit ein großes Kompliment. Matteuccio, Caffarellis Vorgänger als Sänger der königlichen Kapelle in Neapel, der vor und nach seinem Spanien-Aufenthalt einige Zeit in Wien war, ist gewiß einer der größten Sänger nicht nur seiner Zeit gewesen. Übrigens dürfte kaum einer von Caffarellis Kritikern Matteuccio noch selbst gehört haben, seine Wiener Zeit lag fast 50 Jahre zurück.

In Wien trifft Caffarelli auch Metastasio wieder. Seit der kaiserlicher Hofdichter ist, hat er in ganz Europa geradezu ein Monopol als Librettist der italienischen Oper erworben. Seine Dichtungen werden immer wieder und überall vertont, in Madrid ebenso wie in Neapel, Venedig und Dresden.

Caffarelli hat Metastasio fast 20 Jahre nicht gesehen. Der Dichter ist zur einflußreichen Persönlichkeit geworden, inzwischen auch ein reicher Mann. Sein Lebensstil ist dabei von äußerster Einfachheit geblieben. Nur wenn es um seine Werke geht, kennt er keine Bescheidenheit. Bei Caffarellis Besuchen wird Metastasio dem Sänger sicher Verse vorgelesen haben, die er gerade gedichtet hat, um ihn dann in einem Ton wahrhaft rührender Biederkeit zu fragen: »Sei ehrlich, kann man das schöner ausdrücken?«

Die Manuskriptseiten, die er Caffarelli zeigt, sind über und über durchgestrichen und korrigiert. Er schreibe am Tag höchstens zehn bis vierzehn Zeilen, erzählt er Caffarelli, und gerade die Verse, von denen die Hörer glaubten, er habe sie nur so aus dem Ärmel geschüttelt, kosteten ihn die meiste Mühe. Um eine Oper zu schreiben, brauche er mindestens drei Monate.

Metastasios Bühnenfiguren sind Wunschbilder des Dichters und seiner Zeit. Ob er seine Handlungen aus der antiken Geschichte oder Mythologie entnimmt, ob seine Opern in Europa, Persien oder Indien spielen, stets haben sie die gleichen Personentypen. Die Gestalten, die er erfindet, sind nicht Individuen, sondern Träger bestimmter Eigenschaften, die Tugend seiner Helden hebt sich leuchtend vom schwarzen Laster ihrer Gegenspieler ab. Und die Tugendbolde bewegen sich ebenso wie die Intriganten nach den Regeln der höfischen Etikette, sind insoweit ein getreues Abbild der Gesellschaft. Bei allen

Konflikten spricht die Konvention das letzte Wort. Liebe ist nicht Leidenschaft, sondern gesellschaftliches Verhalten, ist »Galanterie«.

Auch das seelische Geschehen bleibt stereotyp. Der Held schwankt zwischen Pflicht und Neigung, muß sich entscheiden zwischen dem Vater oder der Geliebten, zwischen der Heimat oder dem Freund. Die Intrige ist das wichtigste Handlungselement. Zum Schluß wendet sich durch das Eingreifen edelmütiger Freunde oder durch seltsame Enthüllungen alles zum Guten.

Der Typik der Personen entspricht ein Schematismus der Handlung. Sie dient einzig dazu, die Seelenstärke und Sittlichkeit des Helden hell erstrahlen zu lassen. Das Personal von Metastasios Opern besteht gewöhnlich aus zwei Liebespaaren, Kastrat und Primadonna sowie »secondo uomo« und »seconda donna«, dazu kommt ein »Herrscher«, der ein Tenor sein kann, eventuell ein Bösewicht, meist die zweite Paraderolle für einen Kastraten, und ein oder zwei »Vertraute«.

Metastasio beherrscht auch perfekt den ganzen theatralischen Aufputz eines Schauspiels. Feste, Triumphzüge, Kämpfe, kurz alles, was den äußeren Prunk auf der Bühne mehrt, versteht er natürlich in seine Handlung einzubauen. Seine Verse sind elegant, aber austauschbar. In ihrer Allgemeinheit passen die Texte seiner Arien zu allem, weil sie im Grunde zu nichts passen. Die Person auf der Bühne offenbart in einer Arie nicht Gefühle, sie stellt verstandesmäßige Betrachtungen über Gefühle an, redet in Bildern und Gleichnissen, statt das eigene Innere zu enthüllen. Während sie von einer inneren Leidenschaft bewegt wird, vergleicht sie sich ganz ruhig mit schwankenden Schiffen, mit Blumen, Bächen, Turteltauben. Metastasio gibt den Sängern dabei Gelegenheit zu verschiedenstem musikalischem Ausdruck: Wut, Rache, Triumph, Liebe, Klage – und er vergißt vor allem am Ende der Arie nie einen effektvollen Abgang für den Sänger.

Die lyrischen Strophen des Dichters verleiten die Komponisten, nur mehr Arien für wichtig zu halten. Sie vernachlässigen die Rezitative, die das musikalische Drama bislang dominiert haben. Es ist, als ob die Komponisten sich von der Last befreit fühlen, in ihre Komposition Wahrheit zu legen, Klänge zu erfinden, die der natürlichen Rede verwandt sind. Statt dessen lassen sie in den Arien ihrem musikalischen Talent freien Lauf, zeigen alle Virtuosität ihrer Kunst, ob sie zum Inhalt der Worte, zum Gang der Handlung paßt oder nicht. So hat Metastasio mit seiner Dichtung den Boden für die Vorherrschaft der Sänger bereitet. Auf der Opernbühne steht nicht mehr die theatralische Täuschung im Vordergrund, sondern die Geläufigkeit und Geschicklichkeit der Kehle. Die Sänger sind zu Gesangsakrobaten geworden.

Sicherlich hat Metastasio Caffarelli auch von dem großen Triumph berichtet, der seiner Oper *Semiramis* im vergangenen Jahr in Wien beschieden war. Es sei ein Jubel gewesen, wie man ihn hier im Theater noch nicht erlebt habe, dank der Pracht der Dekorationen und der großartigen Sänger. Die Tesi habe sich in der Titelrolle selbst übertroffen. Caffarelli mag hier Metastasio süffisant lächelnd unterbrochen haben. Er wisse, wie die Tesi in dieser Oper absahne. Als Mann verkleidet sei sie einfach unwiderstehlich. Er habe das Stück mit ihr vor zehn Jahren im San Carlo gesungen.

Mit welcher Musik, wird Metastasio gefragt haben. Und als Caffarelli etwas abschätzig antwortet, mit der von Porpora, meint Metastasio nur, die sei natürlich mit der von Hasse nicht zu vergleichen. Aber sicher noch immer besser, als das, was er hier in Wien habe erleben müssen. Eigentlich habe er sich über den unerhörten Erfolg der *Semiramis* gewundert, obwohl er wisse, wie gelungen seine Dichtung sei und daß sie ihre Wirkung auf der Bühne nur schwer verfehlen könne. Aber die Musik der Wiener Produktion sei so unerträglich gewesen, daß er sich nicht gewundert hätte, wenn die Oper trotz aller anderen Qualitäten ausgezischt worden wäre. Ein deutscher Komponist habe sie geschrieben, ein fürchterlicher Barbar.

Caffarelli könne sich glücklich preisen, daß er nicht mehr in Wien sei, und er dadurch nicht in die Verlegenheit kommen werde, gegen die Gehaltlosigkeit seiner Musik ankämpfen zu müssen. Man habe ihn an den Hof von Kopenhagen gerufen, wo er zur Feier der Geburt des dänischen Thronfolgers eine Oper schreiben solle. Da gehöre er auch hin, in dieses unzivilisierte Nordland. Er hoffe nur, daß dieser Gluck, so heiße der Komponist, Christoph Willibald Gluck, möglichst lange in Dänemark bleiben werde.

Nach einem Monat in Wien hat Caffarelli seine Reputation immerhin so weit wieder hergestellt, daß er gebeten wird, am 17. Mai im Schloß Schönbrunn anläßlich des Geburtstags der Prinzessin Charlotte von Lothringen, einer Schwester des Kaisers, während des Mittagessens zusammen mit Anton Raaf zu singen.

Bei der gemeinsamen Fahrt nach Schönbrunn mag ihm der deutsche Tenor erzählt haben, daß er nach seinem Gesangsstudium in Deutschland noch ein Jahr bei Antonio Bernacchi in Bologna gelernt hat, dem Kastraten, der auch Farinelli nach dem verunglückten Wettsingen auf der Bühne den letzten Schliff des kultivierten Gesangs vermittelte. Bernacchi habe sonst nur Soprane, männliche und weibliche, unterrichtet. Er, Raaf, sei der einzige Tenor gewesen, den er als Schüler akzeptiert habe.

Eines hat Raaf in Italien allerdings nicht gelernt. Er hat ganz und gar nicht das Bedürfnis, seine Sängerkollegen herabzusetzen, sie gar auf der Bühne lächerlich zu machen. Schon Metastasio hat Caffarelli versichert, von Raaf drohe ihm keine Gefahr, er singe nicht nur wie ein Seraphim, er sei auch ein Engel.

Das Konzert im Schloß befremdet Caffarelli nicht wenig. In einem großen Saal ist eine Tafel für vier Personen gedeckt, an der die Prinzessin, die Geburtstag hat, das Kaiserpaar und ihr achtjähriger Sohn, Erzherzog Joseph, Platz genommen haben. Während sie essen, steht eine Schar von österreichischen, ungarischen und böhmischen Adligen, dazu ein paar Gesandte fremder Staaten, alle in Galakleidung, im Halbkreis um ihren Tisch herum und beobachtet gespannt jeden Bissen. Die Ehefrauen der anwesenden Adligen, ebenfalls in festlicher Abendgarderobe, dürfen die Herrschaften bedienen. Auf einem Podest an der Schmalseite des Saales ist die Tafelmusik mit den beiden Sängern postiert. Caffarelli hat zum ersten Mal in seiner langen Karriere bei einem Auftritt das Gefühl, nichts weiter als ein Domestik zu sein.

Einige Wochen später, am 5. Juni, nachmittags um 3 Uhr, als Caffarelli wie es sich für einen Süditaliener gehört, seine Siesta hält, scheinen sich die Wände seines Zimmers zu bewegen. Der Diwan, auf dem er liegt, schwankt in kurzen, heftigen Stößen. Caffarelli hat noch nie ein Erdbeben erlebt, aber er weiß sofort, daß das ein Erdbeben sein muß. Oft hat er davon erzählen hören, hat sich als Kind, wenn von Älteren über die Schrecken eines Bebens berichtet wurde, gefürchtet und gleichzeitig gewünscht, auch einmal ein solches Abenteuer zu erleben. Jetzt ist er fast enttäuscht, daß alles so schnell vorüber ist. Aber dann erfaßt ihn doch innere Panik. Er zieht sich schnell an, läuft in die nächste Kirche, erwartet, dort eine kreischende Menge zu finden, die in Angst und Schrekken auf den Knien liegt, zu allen Heiligen betet, Gelübde macht, hochheilig verspricht, alle sündigen Vergnügungen zu meiden, vor allem das gottlose Theater nicht mehr zu besuchen. Caffarelli findet die Kirche leer.

Um so voller ist am Abend das Theater. Das glücklich überstandene Erdbeben liefert Gesprächsstoff, so daß an diesem Abend die Musik zur Nebensache wird. In Wien hat es keine größeren Schäden angerichtet, aber in der Umgebung soll es schlimme Überschwemmungen verursacht haben.

Seit kurzem ist in Wien ein junger italienischer Dichter als Assistent Metastasios engagiert. Gianambrogio Migliavacca, 31 Jahre alt, ist vor einiger Zeit als Mailänder

Botschaftsrat nach Wien gekommen, hat sich in Versen versucht, und seine neue Aufgabe besteht darin, Metastasios Libretti für erneute Aufführungen einzurichten. Normalerweise wird für eine Operninszenierung die Musik neu geschrieben. Die Libretti dagegen werden immer wieder verwendet. Für eine neue Komposition müssen sie bearbeitet, auf das jeweilige Sängerensemble zurechtgeschustert werden. Es kann sein, daß eine drittklassige Rolle von einem zweitklassigen Sänger übernommen wird, und dann muß der eine oder sogar zwei Arien mehr bekommen. Umgekehrt müssen Arien gestrichen werden, wenn der Sänger einer Rolle eine Stufe niedriger steht. Es kommt auch vor, daß ein Sänger die pathetische Arie, die er am Schluß der Oper singen soll, nicht mag. Er findet es Schmachtgesang, möchte statt dessen Verse mit Ausdruck, mit Erregung, eine Arie mit Trompetenbegleitung, eine, die Leidenschaft durch andere Mittel ausdrückt, durch abgebrochene Worte oder ausgestoßene Seufzer, eine Arie mit Handlung, mit Bewegung. Und dann muß schnell eine Dichtung her, acht Verse, in zwei Strophen aufgeteilt.

Man will Metastasio nicht mehr zumuten, seine Operntexte für neue Aufführungen selbst einzurichten, und so wurde Migliavacca für diese Arbeiten engagiert. Gerade erst hat er für den spanischen Hof ein eigenes Libretto geschrieben, und Farinelli, der die Oper in Madrid leitet, hat ihm dafür über Metastasio ein geradezu fürstliches Honorar zukommen lassen. Migliavacca erzählt das überall in Wien, und Metastasio muß es immer wieder bestätigen.

Der junge Italiener ist ehrgeizig. Er hat es durchgesetzt, daß ihm auch die Inszenierungen übertragen werden. So etwas wie einen Regisseur hat es bis dahin eigentlich nicht gegeben. Die Sänger kommen auf die Bühne, wann es der Gang der Handlung erfordert. Die Interpreten der kleineren Rollen haben darauf zu achten, daß sie dem primo uomo nicht im Wege stehen und der Primadonna nicht auf die Schleppe treten. So künstlich die Stimme der Kastraten ist, so unrealistisch ist die Inszenierung einer Oper. Der persische König Xerxes erscheint im barocken Reifrock und mit Allongeperücke, Thusnelda, die gefangene Witwe des Germanenfürsten, mit langer Schleppe und kostbaren Spitzen.

Migliavacca hat die für seine Zeit geradezu revolutionäre Idee, Opern wirklich zu inszenieren. Der Mißerfolg Caffarellis bei seinem ersten Auftreten in Wien ist mit darauf zurückzuführen, daß er mit den typischen italienischen Standardfloskeln der Darstellung, die eigentlich eine Frechheit sind, auf die Bühne gekommen ist. In Wien wird jedenfalls ausdrücklich auch Caffarellis mangelnde Schauspielkunst kritisiert. Seine stimmlichen Schwächen hätte er vielleicht durch eine überzeugende darstellerische Leistung etwas kaschieren können. Es kann gut sein, daß der junge Dichter und Regisseur versucht hat, ihn vor seinem ersten Wiener Auftritt in seine Inszenierung einzuweisen, was Caffarelli natürlich weit von sich gewiesen haben wird. Und nach dem verpatzten Debüt mag Migliavacca geäußert haben, wenn Caffarelli auf seine Hinweise geachtet hätte, wäre sein Mißerfolg nicht so eklatant gewesen. Jedenfalls herrscht vom ersten Tag an zwischen dem Sänger und dem jungen Dichter eine herzliche gegenseitige Antipathie. Vielleicht hat Caffarelli auch voller Neid feststellen müssen, daß die Damenwelt von Wien diesen jungen Italiener, der ein ausgesprochen schöner Mann ist, so anhimmelt, wie einst die Römerinnen den jungen Caffarelli umschwärmt haben. Und Migliavacca rühmt sich dauernd seiner Erfolge bei den Frauen. Wenn Caffarelli ehrlich ist, muß er sich eingestehen, daß er solche Erfolge damals in Rom nicht gehabt hat, ganz einfach, weil er ein Kastrat ist. Migliavacca aber ist ein richtiger Mann – das hat zwar auch seine Nachteile, aber trotzdem ist den Frauen ein richtiger Mann offenbar doch lieber.

Caffarelli ist also maßlos eifersüchtig auf Migliavacca, und als Metastasio auch noch die Qualitäten des Dichters preist, geradezu ins Schwärmen gerät, wie er als Regisseur die Bedeutung seiner Verse intuitiv erfasse und auf der Bühne umzusetzen verstehe, da wächst in Caffarelli die Abneigung nur noch. Möglicherweise spürt er, daß durch einen Mann wie Migliavacca einem Sängertyp wie Caffarelli die größte Gefahr erwächst. Wenn auf der Bühne Wahrhaftigkeit regieren soll, dann kann für all die Mätzchen, mit denen er das Publikum für sich einzunehmen weiß, kein Platz mehr sein.

Am 13. Juli soll Metastasios *Merope* gespielt werden, die Musik zusammengeklaubt aus älteren Opern, Kostüme und Dekorationen aus dem Fundus. Und für diese Produktion ordnet Migliavacca szenische Proben an! So etwas würde es in Italien nie geben. Man käme dort allenfalls zusammen, um am Cembalo die Partie einmal durchzugehen. Vom Blatt singen kann ein in einem italienischen Konservatorium ausgebildeter Sänger, wofür hätte er sonst sechs Jahre lang studiert.

Die Proben sollen in der Wohnung der Primadonna stattfinden. Die Primadonna ist Vittoria Tesi. Caffarelli hat sie erst einige Tage nach seinem mißglückten Debüt wiedergesehen, und die Tesi hat ihn sehr kühl begrüßt. Womöglich hat er sich das auch nur eingebildet. Irgendwann hat er dann noch gehört, Migliavacca sei der Schützling der Tesi, sie fördere ihn, wo sie nur könne, fresse ihm geradezu aus der Hand. Das Augenzwinkern, mit dem sein Informant dies erzählte, ließ bewußt offen, ob da noch mehr zwischen dem jungen Dichter und der Primadonna sein mochte.

Zur ersten von Migliavacca angesetzten Probe erscheinen alle Sänger außer Caffarelli. Um zu demonstrieren, daß er nicht etwa krank ist, kommt er, als die Probe beendet sein muß. Im Vorzimmer schäkert er etwas mit dem amico der Tesi, dem Papagei, der in Madrid den Argwohn der Inquisition heraufbeschworen hat.

Dann betritt Caffarelli den Salon. Einige der Mitwirkenden sind bereits gegangen, die Übriggebliebenen in eine Diskussion über das neue Stück verwickelt. Zur Besetzung gehört eine junge Römerin, Colomba Mattei, mit einer herrlichen Stimme über zwei Oktaven, und der Tenor Raaf. Caffarelli wird von ihm herzlich begrüßt. Raaf fragt den Kollegen völlig arglos, warum er erst jetzt komme und was ihn aufgehalten habe. Caffarelli erwidert hochnäsig und beiseite, aber so, daß Migliavacca es hören muß, er habe keine Ahnung, wozu solche Proben gut sein sollten und verstehe nicht, daß sie alle brav gekommen seien. Das alles sei doch nur Zeitverschwendung. Migliavacca ist ein Hitzkopf, er herrscht Caffarelli an, er schulde niemandem Rechenschaft über das, was er für nötig halte. Wenn er, Caffarelli, mache, was er wolle, dann solle er wenigstens die anderen nicht daran hindern, ihre Pflicht zu tun. Im übrigen könne er froh sein, wenn er sein Nichterscheinen geduldet habe. Er habe es übrigens nur getan, weil Caffarellis Anwesenheit auf der Bühne sowieso wenig Bedeutung für Erfolg oder Mißerfolg der Oper habe, das habe man ja gesehen ...

Caffarelli ist über diesen Ausbruch des Migliavacca etwas irritiert. Bisher sind solche Tiraden sein Privileg gewesen. Er unterbricht ihn und sagt in noch fast ruhigem Ton, wenn auch seine schrille Stimme gegen Migliavaccas sonoren Bariton eher wie Gekeife klingt, wer eine solche Probe anordne, sei nun einmal ein Vollidiot und überhaupt ...

Jetzt verliert Migliavacca die Beherrschung. Man wisse in Wien durchaus, mit wem man es zu tun habe. Er, Caffarelli, sei ja in ganz Europa berüchtigt. Aus purem Neid verprügele er seine Kollegen, keine Frau sei vor ihm sicher, und ein Mann schon gar nicht, und dabei sei er nichts weiter als ein quäkendes Neutrum ...

Migliavacca wäre wohl noch minutenlang in seiner Laudatio fortgefahren, wenn Caffarelli ihn nicht herrisch unterbrochen hätte. Wenn er nicht zu feige sei, solle er ihm an einen Ort folgen, wo ihm niemand zu Hilfe kommen könne. Zur Verdeutlichung seiner Worte greift er nach dem Degen und tut ein paar Schritte zur Tür, wo er sich noch einmal zu dem gerade herausgeforderten Gegner umsieht.

Der steht einen Moment verblüfft und stumm da, dann faßt er sich und sagt lächelnd, einen Feind zu haben, der nicht einmal ein Mann sei, mache zwar nicht allzuviel Ehre, aber Verrückte zur Vernunft zu bringen sei christlich gehandelt. Noch in der Tür ändert Caffarelli seinen Plan, zieht den Degen und kreischt den Dichter an: »Machen wir es gleich hier am Ort der Tat ab!«

Migliavacca zieht ebenfalls. Die beiden Kämpfer stehen sich in Ausfallstellung gegenüber. Obwohl sie ein eher lächerliches denn schreckliches Bild abgeben, hört man entsetzte Aufschreie aus der Runde. Alle Anwesenden ziehen sich an die Wände des Salons zurück und rufen ihre Schutzheiligen an. Nur der Kopist traut sich, zwischen die Kämpfer zu treten, macht einen ungeschickten Versuch, die beiden Streithähne auseinanderzubringen. Dabei erhält er einen Fußtritt des Migliavacca und fällt gegen einen Sessel.

Da erhebt sich Madame Tesi, die Hausherrin, die bis dahin auf ihrem Kanapee gelegen und von dort der Szene stumm und staunend zugesehen hat. Sie tritt vorsichtig zwischen die Kämpfer, erhebt die Arme, öffnet den Mund. Bevor sie ein Wort sagen kann, wirft Caffarelli, obwohl er gerade seinen Brustkorb mit Luft voll aufgepumpt und sich auf den Höhepunkt seiner Raserei gesteigert hat, seinen Degen der Sängerin zu Füßen. Überwältigt von ihrer Sanftmut, ihrer flehenden Gebärde, insgeheim wohl auch froh, daß der letzte Beweis für seinen unerschütterlichen Mannesmut nicht von ihm gefordert wird, bittet er sie um Vergebung für sein Vergehen, bereit gewesen zu sein, diesen Unhold vor ihren Augen abzuschlachten. Großmütig bringe er ihr seine Rache als Opfer dar, ihr, der er immer gehorchen werde, die er in Ehrfurcht verehre, seit er sie zum ersten Mal gesehen habe. Und er besiegelt seine Unterwerfung unter ihren

Willen mit tausend Handküssen. Vittoria Tesi bedeutet Caffarelli mit großer Geste ihr Verzeihen. Der Poet steckt seinen Degen ein, alle Anwesenden atmen auf. Niemand ist bei diesem gefährlichen Duell verletzt worden. Nur der arme Kopist hat sich einen Knöchel verstaucht und humpelt aus dem Haus.

Am nächsten Tag wird in Wien ein anonymes Sonett verteilt, in dem der Kampf zwischen der Nachtigall und dem Pegasus geschildert wird. Es ist offensichtlich von Caffarelli in Auftrag gegeben, denn der Dichter wird lächerlich gemacht. Migliavacca gibt denn auch bekannt, er werde in Kürze eine Antwort veröffentlichen, in der er den wahren Hergang mitteilen werde. Noch bevor Migliavaccas Gedicht erscheint, bringen die deutschen Komödianten in ihrer Abendvorstellung im Theater am Ballhaus ein Intermezzo, in dem das Duell im Stil einer italienischen Stegreifkomödie dargestellt wird. Die Aufführung ist wenige Stunden nach Anschlag der Theaterzettel ausverkauft.

Die Fürstenhochzeit

Zurück in Neapel wird Caffarelli sich etwas unwohl gefühlt haben. Er weiß, daß Metastasio mit einigen angesehenen Neapolitanern in regem Briefwechsel steht, muß also damit rechnen, daß die eine oder andere Begebenheit seines, wenn er ehrlich ist, wenig ruhmreichen Wiener Gastspiels in Neapel bekannt geworden ist. Einer Anspielung der Prinzessin Belmonte glaubt er entnehmen zu können, daß Metastasio ihr von seinem lächerlichen Duell berichtet hat. Daß sein erstes Auftreten in der österreichischen Hauptstadt ein peinlicher Mißerfolg war, scheint dagegen nicht bis Neapel gedrungen zu sein.

Von Karl IV. erhält Caffarelli die Order, in Turin anläßlich der Hochzeit des Herzogs Vittorio Amadeo von Savoyen mit der spanischen Prinzessin Maria Antonia Fernanda, einer Schwester des Königs von Neapel, zu singen. Die Oper, die aus diesem Anlaß aufgeführt werden soll, heißt *La vittoria d'Imeneo – Der Sieg des Hochzeitsgottes*. Schon der Titel verrät, daß es eine der unsäglichen Huldigungsopern sein wird, in denen je nach Anlaß die Milde des Landesvaters, die Pracht des Fürstenhauses, die Schönheit der Braut oder die Weisheit des Herrschers verherrlicht wird. Caffarelli hat wenig Lust, dabei mitzuwirken, doch einem Befehl seines Landesherrn kann er sich nicht widersetzen. So reist er mißmutig Ende Mai 1750 nach Turin, kommt demonstrativ verspätet dort an, zeigt offen, wie wenig ihn dieses Engagement interessiert.

Als ersten Kollegen trifft er auf Anton Raaf, der ihn erfreut willkommen heißt. Caffarelli denkt nur daran, daß ihn dieser deutsche Tenor in Wien an die Wand gesungen hat. Zu allem Überfluß ist als Primadonna die Astrua engagiert, die Sängerin, die er vor fünf Jahren in Neapel auszutricksen versucht hat. Seit drei Jahren singt sie in Berlin mit einem Jahresgehalt von 6000 Talern. Auf schriftliches Ersuchen des Königs von Sardinien, des Vaters des Bräutigams, hat sie vom preußischen König vier Monate Urlaub bekommen, um bei der Aufführung in Turin mitwirken zu können. Entsprechend launenhaft spielt sie sich auf.

Der Komponist der Oper ist der vierundvierzigjährige Baldassare Galuppi, ein Venezianer, auf der Insel Burano geboren und deshalb von allen Buranello genannt. Vor ein paar Jahren, erfährt Caffarelli, war er einige Zeit in London, hat dort elf Opern herausgebracht. Sicherlich hat er da auch vom Mißerfolg Caffarellis beim englischen Publikum erfahren.

Galuppi läßt sich Caffarelli gegenüber davon nichts anmerken. Er habe sich im vergangenen Jahr in Venedig mit einem Dichter zusammengetan, der für ihn komische Opern schreiben wird. Der habe ihm von Caffarelli erzählt. Er habe ihn sehr bewundert, als er vor zwanzig Jahren in Venedig engagiert war, habe ihn dann in Mailand wiedergetroffen. Eigentlich verdanke er ihm seine Karriere als Komödien-Autor. Denn beim Versuch, seine erste Operndichtung bei einem Theaterdirektor unterzubringen, habe Caffarelli das durch seine kritischen Bemerkungen vereitelt. Vielleicht sagt Galuppi auch noch, Goldoni habe immer mit einer Mischung aus Zorn und

Dankbarkeit von dem Abend in Mailand gesprochen. Mit Zorn, weil Caffarelli damals so hochnäsig war, dankbar, weil er ihm, ohne es zu wollen und zu wissen, den richtigen Weg gewiesen habe.

Die Astrua, Raaf, Galuppi – jede Begegnung weckt in Caffarelli unerfreuliche Erinnerungen und verstärkt seine schlechte Laune. Als er die Noten für seine Partie erhält, wird er noch mißmutiger. Er soll die Titelrolle singen, den Imeneo. Ein Kastrat als Personifizierung der Hochzeit, irgendwie kommt Caffarelli sich wie mit Absicht verhöhnt vor. Er, dem eine Heirat verwehrt ist, der Verschnittene, der Eunuch, soll auf der Bühne jauchzend und tirilierend das Glück und die Wonne der Ehe verkörpern.

Er fühlt sich in Turin auch gestört durch die vielen Bettler, die offenbar aus ganz Italien in die Hauptstadt von Savoyen geströmt sind, um von der Wohltätigkeit der Hochzeitsgäste zu profitieren. Bisher hat er geglaubt, Neapel sei die Kapitale der Bettler, aber Turin ist noch schlimmer. Nirgendwo ist man vor ihnen sicher. Er möchte am liebsten sofort wieder abreisen und erklärt, auf der Reise sein Buch mit den Kadenzen verloren zu haben, und ohne das könne er nicht anständig singen.

Opernarien waren ja nicht bis zur letzten Note auskomponiert. Die Partitur bot nur ein Notengerüst, das die Melodie festlegte und den Charakter der Arie bestimmte. In diesem Rahmen gab es große Freiräume für den Sänger. Besonders in der Wiederholung des ersten Teils einer Arie erwartete das Publikum Auszierungen, die im Idealfall am Abend improvisiert wurden und deshalb auch in jeder Vorstellung anders ausfielen. Die großen Sänger begeisterten ihr Publikum dadurch, daß sie ihre Arien an jedem Abend neu und überraschend ausschmückten. Da sich ein Sänger nicht immer und zu jeder Zeit auf den Genius des Augenblicks verlassen konnte, hatten viele ein Buch mit Muster-Kadenzen, in das sie vor der Aufführung einen Blick warfen, um der Spontaneität nachzuhelfen.

Dieses Buch nun behauptet Caffarelli verloren zu haben. Er könne also eigentlich überhaupt nicht auftreten. Wenn man trotzdem auf seiner Mitwirkung bestehe, bitte, er werde singen, aber er garantiere für nichts, man werde schon sehen ...

Für den Bräutigam, den Prinzen von Savoyen, ist die Oper eine Prestigesache. Er will mit ihr seiner Braut, die aus dem weltstädtischen Madrid in das doch eher provinzielle Turin kommt, beweisen, daß sie in ihrer neuen Heimat nicht auf Kultur und Zivilisation verzichten muß. Der Prinz wohnt im Palazzo Madama, der eines der schönsten Treppenhäuser der Welt hat, aber Spötter sagen, es sei nur eine Treppe ohne Palast dazu. Turin ist zwar eine der schönsten Städte Europas mit geraden Straßen, harmonischen Bauten und schönen Plätzen, hat dabei aber nichts, was man als Wahrzeichen bezeichnen könnte, keine herausragende Sehenswürdigkeit. In Turin ist allenfalls alles gleich gut. Und die Stadt ist nicht sehr groß.

Immerhin kann der Prinz seiner Braut ein neues Theater präsentieren, das vor zehn Jahren erbaut wurde. Die Opernaufführung soll so vollendet wie möglich sein, deshalb hat er die Astrua aus Berlin loseisen und Caffarelli aus Neapel kommen lassen. Und nun droht der Sänger, nur die komponierten Noten zu singen! Vittorio Amadeo überlegt lange, wie er auf die Unverschämtheit Caffarellis reagieren soll.

Am 4. Juni 1750 zieht die Braut feierlich in Turin ein, vier Tage später wird die Oper gespielt. Am Abend der Aufführung geht der Prinz kurz vor Beginn der Vorstellung hinter die Bühne. Er ist schon in vollem Hofstaat, tut so, als sei er nur gekommen, um den ersten Sänger persönlich zu begrüßen, versichert ihm, wie glücklich er sei, daß Caffarelli sich nach Turin bemüht habe. Er sei überzeugt, er werde wie immer alle Zuschauer in das höchste Entzücken versetzen. Allerdings habe seine Frau, die spanische Prinzessin, die ja in Madrid bei den Privatkonzerten ihres Vaters häufig und immer wieder Farinelli gehört und bei ihm auch Musikunterricht gehabt habe, ihm erst gestern gesagt, so eine Stimme gebe es nicht noch einmal auf der Welt, und sie könne sich nicht vorstellen, daß ihr je wieder ein Sänger gefallen werde, nachdem sie Farinelli gehört habe. »Nun, mein Freund«, sagt der Prinz und klopft dabei Caffarelli jovial auf die Schulter, »Ihnen wird es sicherlich ein Leichtes sein, die Prinzessin von ihrem Vorurteil zu heilen.« Caffarelli fühlt sich unendlich geschmeichelt und bemerkt nicht die Absicht, die hinter der so offensichtlich zur Schau getragenen Leutseligkeit des Prinzen steckt. Er plustert sich auf und versichert mit seiner hellen Stimme: »Ihre Hoheit, Eure Gemahlin werden heute abend zwei Farinelli in einem Sänger hören!« Und er singt in Turin wirklich so gut wie schon lange nicht mehr.

Schon bei der ersten Fermate, bei der die Instrumente einen kurzen Halt machen, um dem Sänger Zeit zu lassen, etwas von seinem Eigenen vorzubringen, wechselt er in einem vollkommenen Portamento von einem Ton zum andern, ohne Lücke und Absatz, ohne Schleifen oder Ziehen. Dabei kostet er die erste Note voll aus, schließt den folgenden Ton so leicht und sicher daran an, daß keine Aspiration, kein falscher Zwischenton hörbar wird. Schließlich läßt er in derselben Weise Tonsprünge auf- und abwärts folgen.

In einem unmerklichen Augenblick nimmt er die Lunge voll Atem, läßt ihn dann sparsam und mit der ganzen Kraft seiner Stimme aus sich heraus strömen. Mit einer langsam zitternden Bewegung des oberen Teils der Luftröhre folgt eine Kaskade von Trillern, die schön und rein geschlagen sind. Caffarelli beendet die erste Kadenz mit einem endlos scheinenden Triller, der nach Art des messa di voce an Stärke zu- und abnimmt.

Um die Zuhörer zu überraschen, vermischt er bei seinen weiteren Arien geschickt schnelle und langsame, feurige und zärtliche Läufe, mischt Dissonanzen ein, Töne, die wie zufällig erhöht oder erniedrigt sind, hält sich bei ihnen aber nicht zu lange auf, um den Hauptton nicht zu verlieren.

Caffarelli hat das Musterbuch für Kadenzen gar nicht nötig. Seine Virtuosität ist mehr als nur technische Kunstfertigkeit, sie ist auch eine Leistung seiner Phantasie. Und es gelingt ihm an diesem Abend, die Zuhörer nicht nur über seine Perfektion in Staunen zu versetzen, sondern mit seiner Kunst ihre Herzen zu rühren.

Im Turiner Theater sitzt auch der erst fünfundzwanzigjährige Venezianer Giacomo Casanova. Wie zahlreiche andere Schaulustige haben ihn die mit einer Fürstenhochzeit verbundenen Spektakel nach Turin gelockt. Casanova schreibt später in seinen Memoiren, daß aus Anlaß der Hochzeit ganz Italien in Turin versammelt war. Über den Opernabend wird er nur vermerken: »Ich hörte im Theater die Astrua und Caffarelli, diese beiden herrlichen Stimme.«

Daß auch Raaf in der Rolle des Mars zu den größten Sängern seiner Zeit gehörte, ist Casanova als echtem Italiener nicht aufgefallen. Raaf war ja nur ein Tenor.

Auf der Rückreise macht Caffarelli im Herbst in Venedig Station, singt im Teatro San Giovanni Grisostomo in der Wintersaison in drei Opern. Es ist sein letzter Auftritt in der Lagunenstadt. Die Zeit, in der Venedigs Theater die besten Komponisten, die virtuosesten Sänger und Sängerinnen geradezu im Wettstreit präsentieren konnten, ist vorbei. Das einst berühmteste Opernhaus der Welt ist ziemlich heruntergekommen. Schon lange haben die Venezianer keinen wirklichen Gesangsstar mehr gehört. Mit Caffarelli kehrt noch einmal der Glanz der großen Stimmen ins Grisostomo zurück. Die Venezianer strömen an jedem Vorstellungsabend ins Theater, aber sie kommen nur, um Caffarelli zu hören. Seine Sängerkollegen, auch die Primadonna (sie heißt Giovanna Cesatti) sind für das Publikum keine Attraktion mehr. Sobald Caffarelli seine letzte Arie gesungen hat, gehen die Zuschauer nach Hause, auch wenn die Oper noch nicht zu Ende ist. Den venezianischen Zeichner Antonio Maria Zanetti regt das zu einer Karikatur an, in der der Sänger auf seinem Rücken die Bühne des Teatro Grisostomo wie einen Rucksack hinwegträgt.

Caffarelli trägt die Bühne des Teatro San Grisostomo weg

Ganz Venedig preist die Kunst Caffarellis, nur die Gondolieri sind unzufrieden. Sie haben nach alter Tradition in den Theatern einen Anspruch auf freigebliebene Parterreplätze. Wenn Caffarelli singt, ist das Grisostomo aber immer ausverkauft, und sie müssen in der kalten, feuchten Luft auf der Straße oder in ihren Gondeln auf ihre Herrschaft warten.

In diesem Winter ist Carlo Goldoni als Hausdichter an das Teatro Sant'Angelo engagiert worden. Die Jugend Venedigs applaudiert seinen Komödien begeistert. Ob Caffarelli neugierig genug war, auch einmal in das Sant'Angelo zu gehen? Der Abend im Salon der Frau Grossatesta in Mailand, an den ihn Galuppi in Turin erinnert hat, mag Caffarelli eher davon abgehalten haben, dem inzwischen erfolgreichen Theaterdichter erneut zu begegnen. Ihm wird vielleicht gefallen haben, daß er in Venedig neben dem Lob auch beißende Kritik an Goldoni hört. Besonders die älteren Venezianer beschimpfen ihn als den neuen Dämon der Unkultur. Er habe zwar Erfindung, auch ein gewisses Maß an Geist, den er aber leider immer an der falschen Stelle verwende. Vor allem werfen sie Goldoni vor, er kopiere, und zwar sklavisch, plump und kunstlos, nur die Natur.

Zudem sei seine triviale Sprache voller Zweideutigkeiten, seine Charaktere überladen. Er möge einen gewissen Instinkt fürs Theater haben, sei aber nur ein mittelmäßiger Autor, weil ihm Kultur und ein gesundes Urteil fehlten. Außerdem stecke er in der fatalen Zwangslage, mehr produzieren zu müssen, als er könne, da er sich verpflichtet habe, der Theatertruppe 16 Stücke in einer Saison zu liefern. Seine Komödienproduktion sei nichts weiter als eine Art dramatischer Kaninchenzucht.

Im Mai 1751 ist Caffarelli wieder in Neapel. Seinem König reicht er für den Auftritt in Turin eine Rechnung über 1229 Dukaten ein, zuzüglich 880 Dukaten Reisespesen.

Der deutsche Maestro

1751 bewirbt sich der dreißigjährige Komponist Tommaso Traetta, der wie Caffarelli in Bitonto geboren ist, bei Diego Tufarelli, dem Impresario des Teatro San Carlo, um einen Kompositionsauftrag. Als es um die Höhe des Honorars geht, erklärt der Theaterdirektor dem Komponisten: Das wichtigste ist, daß ich einen Sänger habe, den das Publikum abgöttisch liebt. Es gibt keine schlechte Oper mit einem Caffarelli. Mein Geschäft ist es, Geld zu machen. Da ich, wie es nur gerecht ist, meinen ersten Sängern großzügig davon abgebe, werden Sie verstehen, daß mir sehr wenig für den Komponisten übrigbleibt. Erfreuen Sie sich daran, daß Ihr Anteil der Ruhm ist.

Traetta soll die Oper *Farnace* für die alljährliche Galavorstellung zum Fest des Namenspatrons des Theaters am 4. November komponieren. Als er sich während der Proben beim Theaterdirektor über den in seinen Augen äußerst mangelhaften darstellerischen Ehrgeiz Caffarellis beklagt, meint Tufarelli, der Gesang sei eine so schwierige Kunst, verlange so viel Hingabe und Meisterschaft, daß man nicht erwarten könne, daß ein großer Sänger auch ein guter Schauspieler sei. Er halte es für unmöglich, daß ein Sänger in der höchsten Phase des Pathos mit Wärme und Enthusiasmus singen könne, wenn er sich gleichzeitig in der Darstellung dem Delirium und den äußersten Exzessen der Leidenschaft hingeben wolle. Die Präzision des Gesangs müsse notwendig darunter leiden.

Und dann macht der Theaterdirektor einen geradezu revolutionären Vorschlag: Vielleicht sollte man die Sänger im Orchester plazieren und ihre Rolle auf der Bühne von einem geschickten Pantomimen spielen lassen. Unsere Kastraten, die normalerweise so ausgezeichnete Sänger und so mittelmäßige Schauspieler sind, wären dann nicht mehr als stimmbegabte Instrumente. Sie würden die Gesangspartien, weil sie nichts mehr ablenkt, mit einer unerhörten Überlegenheit ausführen können. Eine so aufgeführte Oper würde nicht mehr nur eine kleine Zahl von außerordentlich sensiblen Menschen verstehen. Die Pantomimen würden die Musik Wort für Wort übersetzen und so für die Augen der Zuschauer sichtbar machen, was ihre Ohren nicht hören können.

Der *Farnace* wird für Traetta nicht zuletzt dank Caffarelli ein rauschender Erfolg und der Komponist bald darauf zum Hofkapellmeister und Lehrer der Prinzessinnen in Parma ernannt.

Im August 1752 erwartet Tufarelli den Komponisten Christoph Willibald Gluck in Neapel. Nach langen Querelen um das zu vertonende Libretto hat er sich mit ihm auf Metastasios *La clemenza di Tito* geeinigt. Der Theaterdirektor weiß, daß das Engagement des deutschen Komponisten ein Risiko ist, schreibt er doch eine Musik, die sich stark von allem unterscheidet, was man in Neapel gewohnt ist. Andererseits verspricht er sich grade von dem Ungewohnten einen besonderen Reiz auf sein Publikum.

Gluck kommt nicht mit der fertigen Partitur seiner Oper nach Neapel, er hat noch nicht eine Note niedergeschrieben. Erst muß er das Sängerensemble kennenlernen, das ihm für die Aufführung zur Verfügung steht.

Die Oper erzählt von Sextus, den seine Geliebte Vitellia aufhetzt, das Kapitol von Rom in Brand zu setzen und in der zu erwartenden Verwirrung den Kaiser Titus zu töten. Doch der Kaiser überlebt das Attentat, Sextus wird zum Tode verurteilt. Er soll begnadigt werden, wenn er die Anstifter der Verschwörung verrät. Sextus bleibt standhaft und schweigt. Als er im Amphitheater sterben soll, gesteht Vitellia ihre Schuld, und Titus begnadigt beide.

Die Partie des Titus wird ein Tenor singen. Alle anderen Stimmen sind Soprane. Neben Vitellia sind das die kleineren Rollen des Annius und Publius, die Kastraten der zweiten Garnitur übernehmen werden, und die »primo uomo«-Rolle des Sextus, die der Komponist für den inzwischen zweiundvierzigjährigen Caffarelli in Töne setzen soll.

Zwischen Komponist und Sänger kommt es zu einer Art Katz-und-Maus-Spiel. Der berühmte Kastrat wartet darauf, daß Gluck ihm einen Höflichkeitsbesuch macht. Der ist der Meinung, die Sänger hätten sich dem Komponisten vorzustellen, soll er doch auf ihre jeweiligen Stärken eingehen, ihnen Gelegenheit geben, ihre Kunstfertigkeit auszubreiten, aber auch auf ihre Schwächen Rücksicht nehmen. Der Erfolg einer Oper hängt nicht zuletzt davon ab, daß Sänger und Komponist zusammenarbeiten. Das Spiel, das Gluck und Caffarelli miteinander spielen, kann deshalb eigentlich nur zum Schaden für beide sein. Der Komponist muß dem Sänger die Arien geradezu in die Kehle hineinkomponieren, der Sänger kann vor dem Publikum nur dann vollendet brillieren, wenn sich bereits im Vorbereitungsprozeß eine innere Harmonie mit dem Komponisten ergibt.

In Neapel munkelt man bereits, Caffarelli werde sicher nicht in der Oper dieses ungehobelten Deutschen auftreten. Es werden sogar Wetten abgeschlossen, daß der Deutsche, bevor er nur eine Note komponiert haben wird, nach Wien zurückkehren muß.

Die Zurückhaltung der beiden mag noch andere Gründe gehabt haben als nur das bloße Kräftemessen zwischen Komponist und Kastrat. Gluck kommt aus Wien, er kennt Vittoria Tesi sehr gut. Was mag sie ihm von Caffarellis Niederlage bei seinem Debüt in Wien erzählt haben, was von dem doch eher lächerlichen Duell in ihrem Salon? Was hat man Gluck sonst noch erzählt? Daß er in Wien nicht nur Anhänger hatte, weiß Caffarelli. Unsicherheit führt schnell zu Arroganz, bei einem Kastraten vielleicht noch mehr als bei jedem anderen. Wenn Caffarelli unsicher wird, erinnert er sich immer an die Operation, die ihn hoch erhoben, die ihn aber auch zu einem Mann zweiter Klasse gemacht hat.

Auch Gluck fühlt sich Caffarelli gegenüber befangen. Er hat viel und viel Widersprüchliches über den Sänger gehört, von dem sein Erfolg oder Mißerfolg in Neapel abhängen wird. Eine so peinliche Szene, wie es der Empfang Gizziellos auf dem Toilettenstuhl gewesen ist, will er nicht erleben. Natürlich hat ihm gleich nach seiner Ankunft in Neapel jeder diese Geschichte zugeflüstert. Er hört schon das Lachen auf dem Fischmarkt, die Schadenfreude, wenn man sich erzählt, wie Caffarelli diesen hergelaufenen Deutschen in die Schranken gewiesen hat.

So geht es einige Tage. Jeder wartet auf den anderen. Schließlich gibt sich Caffarelli einen Ruck und tut den ersten Schritt. Sänger und Komponist verstehen sich, nachdem sie sich einmal kennengelernt haben, glänzend. Vielleicht ist das Eis gebrochen, als Caffarelli sagt, die Tesi habe ihm Glucks Kunst und wie er sich auf Stimmen verstehe in den höchsten Tönen gepriesen (wie vernichtend Metastasio Gluck kritisiert hat, verschweigt Caffarelli wohlweislich), und Gluck darauf erwidern kann, die Tesi habe von Caffarelli immer nur als von ihrem geliebtesten Kollegen geschwärmt.

Gluck komponiert die ganze Oper innerhalb von zwei Monaten. In der siebten Szene des zweiten Aktes nimmt Sextus in der Arie »Se mai senti spirarti« von Vitellia Abschied, der Attentäter weiß, daß man ihn zum Tod verurteilen wird: »Wenn du später auf deinen Wangen den Hauch eines sanften Luftzugs spürst, dann sage dir, das sind die letzten Seufzer meines Geliebten, der für mich in den Tod ging ...«. Gluck läßt in dieser Arie die Oboe mit der Singstimme konzertieren. Die erste Geige spielt durchgehend Synkopen, der Baß zupft, die zweite Geige hat ein unermüdlich aufwärts und abwärts wogendes Viertelmotiv, die Bratschen spielen Achtel, das Horn lang ausgehaltene Töne. Die Vorhalte der Oboe unterstreichen den Eindruck von Trauer und Verzweiflung. Und auf dem Höhepunkt, bei den Worten »die letzten Seufzer«, hält die Singstimme orgelpunktartig an, unter ihr wogt das Orchester, in herben Dissonanzen klagen die Oboen, der Klang der Hörner ist dumpf und schmerzlich.

Caffarelli, der bei Porpora auch Komposition studiert hat, denkt schon beim ersten Lesen der Noten, daß Gluck an dieser Stelle ein Fehler im musikalischen Satz unterlaufen sein muß. Aber er hat in Wien so viele ungewöhnliche Dinge auf der Opernbühne erlebt, daß er sich nicht traut, den Komponisten darauf anzusprechen. Den Orgelpunkt gibt es eigentlich nur im Orchester als Mittel des harmonischen Auffangens und Hinhaltens vor einer entscheidenden Wende oder am Schluß einer Komposition: ein lang ausgehaltener Ton im Baß, zu dem andere Instrumente oder die Gesangsstimme durch Ausweichen in andere Tonarten ein Spannungsverhältnis schaffen sollen. Gluck dagegen will, daß der Sänger den Ton in der Höhe des Soprans anhält und läßt dazu die Instrumente in der Tiefe wie improvisiert spielen.

Caffarelli überlegt, ob der Kopist vielleicht beim Abschreiben die Stimmen vertauscht, die Notensysteme durcheinandergebracht haben könnte. Er zeigt die Stelle verschiedenen Musikern. Alle sind der Meinung, daß sie, wenn es denn so gemeint ist, gegen die musikalischen Gesetze verstoße. Man beschließt, den damals sechsundsechzigjährigen Francesco Durante zu befragen. Er ist in Neapel eine absolute Autorität der Musik, obwohl er in seiner ganzen Komponistenlaufbahn nie für das Theater geschrieben hat.

Durante gilt als schwieriger Mann, als wenig höflich und schweigsam. Besucht er eine Gesellschaft, was selten geschieht, nimmt er nicht an der allgemeinen Unterhaltung teil, sondern setzt sich ans Klavier und spielt komplizierte Sonaten und ausgedehnte Fugen. Sein Äußeres vernachlässigt er, seine Kleidung ist abgetragen.

Durante schaut sich die Passage lange und sorgfältig an, man sieht geradezu, wie in seinem Kopf die Töne sich bilden und wie er sie immer wieder vor seinem geistigen Ohr passieren läßt. Schließlich schaut er auf und sagt: »Ich will mich nicht darüber äußern, ob diese Stelle die Regeln der Komposition beachtet. Ich kann nur sagen, ich wäre stolz, wenn ich einen solchen Satz erdacht und geschrieben hätte!«

La clemenza di Tito wird zum Namenstag des Königs am 4. November 1752 zum ersten Mal gespielt. Gluck motiviert das Orchester, das zu dieser Zeit als das beste Europas gilt, sich selbst zu übertreffen. Caffarelli hat er die Arien wirklich in die Kehle komponiert. Sie lassen ihn seine ganze einzigartige Kunstfertigkeit zeigen, die strahlende Höhe seiner Sopranstimme – bis zum dreigestrichenen »E« –, ihre Kraft und ihren Glanz.

Die Arie »Se mai senti spirarti« wird nach dem Lob Durantes sofort in ganz Italien verbreitet. Als Gluck aus Neapel nach Wien zurückkehrt, hat der Prinz von Sachsen-Hildburghausen bereits eine Abschrift erworben. Der k. k. Feldmarschall und Generalfeldzeugmeister der österreichischen Armee unterhält in Wien ein eigenes Privatorchester. Er engagiert Gluck als Kapellmeister. Der Prinz ist der Beschützer von Vittoria Tesi, die in seinem Palais wohnt.

Das Duell

Im Frühling des nächsten Jahres reist Caffarelli nach Paris. Die Gemahlin des französischen Kronprinzen ist die jüngere Schwester der Königin von Neapel. 1747 wurde die eben sechzehnjährige Maria Josepha von Sachsen mit dem Dauphin Louis verheiratet. Madame la Dauphine, wie sie genannt wird, ist 1753 wieder einmal schwanger, und sie hat danach verlangt, den berühmtesten Kastraten Italiens zu hören. In Frankreich hat sich die italienische Musik nicht wie in Deutschland, Spanien und England als zumindest in höfischen Kreisen einzig anerkannter musikalischer Stil durchgesetzt. Vielmehr ist eine eigene Musiktradition entstanden, und die französische Oper kennt keine Kastraten. Man findet ihre künstlichen Stimmen in Paris eher lächerlich. Die Heldenrollen werden hier von Tenören gesungen.

Maria Josepha, die Tochter Friedrich Augusts II. von Sachsen, hat in Dresden glanzvolle Aufführungen italienischer Opern unter der Leitung des Hofkapellmeisters Hasse erlebt, mit dessen Frau Faustina als Primadonna und den Kastraten Domenico Annibali und Giovanni Carestini. Hasse selbst mag der Prinzessin von Caffarelli erzählt haben, seinem einstigen Mitschüler in Neapel, der so oft seine Opern in Italien zum Triumph geführt hat. Als Schwiegertochter des mächtigsten Königs von Europa glaubt Maria Josepha ein Anrecht darauf zu haben, diese einzigartige Stimme zu hören. Sie schreibt also an ihre ältere Schwester, die nach Neapel verheiratet worden ist, und bittet sie, ihr den Kastraten nach Paris zu schicken.

Im Juni kommt Caffarelli in der französischen Hauptstadt an. In Versailles wird ihm für die Dauer seines Aufenthalts ein ganzes Haus zur Verfügung gestellt, außerdem eine Karosse mit zwei Pferden. Zwei Lakaien in königlicher Livree sind zu seiner Bedienung abkommandiert. Pro Tag erhält er 65 Livres Spesen. Man kann sich am Hof von Versailles nicht erinnern, daß jemals ein Gast des Königs von Frankreich derart mit Aufmerksamkeiten überhäuft wurde. Zu Caffarellis Wohnung gehört auch eine Tafel mit acht Gedecken, er kann also jeden Tag auf Kosten des Hofes sieben Gäste zum Essen einladen. Den Sänger irritiert nur, daß es in Frankreich zum Abendessen keine Suppe gibt.

Caffarelli singt zuerst im Schloß. Zwar haben die meisten Höflinge Probleme, sich mit dem Stil der italienischen Musik anzufreunden, aber allgemein bewundert man seine kräftige und dabei doch liebliche Stimme und vor allem ihren Umfang. Die wenigen, die Farinelli vor 15 Jahren gehört haben, als er auf der Reise nach Spanien einen kurzen Aufenthalt in Paris eingelegt hat, meinen, Caffarelli übertreffe ihn bei weitem. Das ist natürlich Balsam für seine Seele.

Caffarelli wundert sich, daß in Versailles beinahe alle Welt Zutritt zu den Gemächern zu haben scheint, in denen der König und die Königin von Frankreich wohnen. Deren tägliches Leben spielt sich nahezu in der Öffentlichkeit ab. Ludwig XV. ist mit seinen 43 Jahren noch immer ein ausnehmend schöner Mann. Caffarelli kann sofort nachvollziehen, daß er in der Bevölkerung liebevoll-ironisch »le bien aimée – der Vielgeliebte« genannt wird, und er bezweifelt nicht, daß die zweiunddreißigjährige Jeanne Antoinette Poisson, die seit acht Jahren als Marquise de Pompadour am Hof lebt, in dieses schöne Gesicht verliebt war, als sie sich um die Bekanntschaft des Königs bemühte. Um so mehr überrascht ihn die Häßlichkeit der Hofdamen.

Als er bei seinem ersten Besuch in Versailles gegen Mittag in einen prachtvollen Saal kommt, sieht er dort mehr als zehn offenbar vornehme Herren auf und ab gehen. In der Mitte des Saals steht eine riesige Tafel, die mindestens zwölf Personen Platz bieten würde, aber es ist nur ein einziges Gedeck aufgelegt. Eine einfach gekleidete Frau kommt in den Raum. Sie sieht schon älter aus, hat fast keine Schminke aufgetragen, ihre Haare sind von einer großen Haube bedeckt. Als sie an den Tisch tritt, dankt sie höflich zwei Nonnen, die ihr einen Teller mit frischer Butter hinsetzen. Dann nimmt sie Platz, und die Herren stellen sich sofort etwa zehn Schritte entfernt in einem Halbkreis auf. Caffarelli schließt aus ihrem ehrfurchtsvollen Schweigen, daß die alte Frau die Königin von Frankreich sein muß, Maria Leszczynska, die Tochter des entthronten polnischen Königs. Sie ist sieben Jahre älter als Ludwig XV.

Ihre Majestät beginnt zu essen, ohne einen der Herren im Raum anzublicken. Ihre Augen sind auf den Teller gesenkt. Vom dritten Gang, der ihr offenbar besonders schmeckt, läßt sie sich ein zweites Mal geben. Nun hebt sie ihren Kopf, schaut die ehrfurchtsvoll um den Tisch stehenden Kavaliere einen nach dem anderen an, bis ihre Augen auf einem elegant gekleideten Herrn Mitte der

Fünfzig ruhen bleiben. Caffarelli hört, wie die Königin zu ihm sagt: »Herr von Lowendal, es gibt doch nichts besseres als ein Hühnerfrikassee.« Der Angesprochene tritt drei Schritte vor, antwortet mit ernster Miene: »Ich bin ganz Ihrer Meinung, Madame«, geht dann rückwärts und auf den Fußspitzen in den Kreis zurück. Die Mahlzeit der Königin geht zu Ende, ohne daß ein weiteres Wort gesprochen wird. Caffarelli erfährt später, daß der durch die Anrede der Königin Geehrte ein hochdekorierter Offizier und seit sechs Jahren der Marschall von Frankreich ist.

In Paris bewundert Caffarelli vor allem die großen Boulevards. Vier Reihen hoher Bäume bilden einen breiten Fahrdamm in der Mitte, zwei seitliche Alleen sind für die Fußgänger. Hier erst weiß er es richtig zu schätzen, daß ihm jederzeit eine Karosse zur Verfügung steht. Denn die Stadt ist so groß, daß man unmöglich zu Fuß gehen kann. Die Straßen sind voller Wagen, Händler werfen sich zwischen Pferde und Räder, überall sieht er ein unendliches Menschengewimmel. Auf dem Bürgersteig stehen Stühle für die, die sehen, und die, die gesehen werden wollen. Manche Kaffeehäuser haben sogar ein kleines Orchester.

Caffarelli besucht in Paris auch die Oper. Er wundert sich, als zur Ouvertüre alle Instrumente gleichzeitig einsetzen. Den Dirigenten, der direkt vor der Bühnenrampe mit dem Rücken zu den Orchestermusikern steht und mit einem großen Stock mit rasenden Bewegungen nach links und rechts schlägt, wie wenn bloß durch die Kraft seines Armes alle Instrumente wie von selbst spielen würden, findet er eher lächerlich, obwohl er zugeben muß, daß das Orchester mit einer Präzision spielt, wie er sie in Italien nie gehört hat.

Die Musik unterhält ihn aber nur am Anfang ein wenig, und auch nur, weil sie neu für ihn ist. Schon bald langweilt sie ihn eher. Besonders die Sänger ermüden ihn durch die Eintönigkeit ihrer Deklamation. Vielleicht liegt es daran, daß er kein Wort versteht. Er wartet auf eine Arie, da kann er sich wenigstens an den Melodien erfreuen, doch er hört nur eintönigen Rezitativgesang. Schließlich fragt er seinen Nachbarn im Parkett, wann denn der eigentliche Gesang beginne. Der schaut ihn fassungslos an. In den verschiedenen Szenen, die er bisher gesehen hat, seien doch schon sechs Arien vorgekommen! Immer haben die Instrumente die Stimmen begleitet, mal etwas lauter, mal etwas langsamer. Caffarelli hat das alles für Rezitative gehalten.

Das einzige, was ihn an der französischen Oper wirklich beeindruckt, ist die Schnelligkeit, mit der wie auf einen Pfiff alle Dekorationen gewechselt werden. Herrliche Bühnenbilder, eine gut funktionierende Maschinerie, reiche Kostüme, viele Personen auf der Bühne – alles ist schön, alles groß, alles prächtig – nur die Musik sagt ihm überhaupt nichts. Sie ergibt für ihn keinen Sinn, scheint ihm nur eine wahllose Folge zufällig zusammengewürfelter Töne. Als er gefragt wird, wie ihm die Oper gefallen hat, kann er nur antworten: »Für die Augen ist es das Paradies, für die Ohren die Hölle.«

Es gibt in Paris auch eine italienische Oper. Aber sie spielt nicht die Opera seria, sondern die heiteren Intermezzi, die in Italien, so glaubt jedenfalls Caffarelli, niemand ernst nimmt. Die Pausenfüller sind in Paris zur Hauptsache geworden. Pergolesi, der zwei Jahre nach dem Zusammentreffen mit Caffarelli in Neapel an der Schwindsucht gestorben ist, ist der Modekomponist der Franzosen. Vor einem Jahr hat eine italienische Operntruppe seine *Magd als Herrin* aufgeführt und damit geradezu einen Taumel der Begeisterung ausgelöst. Caffarelli kann es nicht verstehen, daß in Frankreich sozusagen das Zubrot zum Essen erklärt und die eigentliche Speise, etwa der für seine Stimme von Pergolesi komponierte *Adriano*, verschmäht wird. Bisher hat er die Intermezzi nur als belangloses Füllsel angesehen, um Leere zu vermeiden. Vor nichts haben die Leute ja soviel Angst wie vor dem leeren Raum, vor einer unausgefüllten Minute. Deshalb wollen sie selbst in den Pausen zwischen den Akten noch unterhalten werden, wenn sie auch nicht hinsehen, wie Caffarelli meint, der sich während dieser Intermezzi in seiner Garderobe von Verehrern und Verehrerinnen umschmeicheln läßt.

Überhaupt scheinen die Franzosen eher das Komische zu lieben. Der Komponist Jean Jacques Rousseau, ein Bürger der Genfer Stadtrepublik, der seit einigen Jahren in Paris lebt, hat sich mit einer kleinen komischen Oper *Der Dorfwahrsager* bei Hofe, beim König, bei der Pompadour und beim Pariser Publikum bekannt gemacht und die dadurch gewonnene Popularität genutzt, ein Pamphlet gegen die französische Oper zu veröffentlichen, das beinahe wie ein Staatsaffront aufgenommen worden ist und immer noch zu heftigen, teilweise sogar handgreiflichen Diskussionen in den Pariser Salons führt.

Als Gast der Kronprinzessin wird Caffarelli von den vornehmsten Franzosen eingeladen. Eines Tages speist er in Passy beim General-Steuerpächter Alexandre Le Riche de la Pouplinière. Bei Tisch kommt man natürlich auf die Schrift von Rousseau zu sprechen.

Caffarelli erinnert sich an seinen Besuch in der Oper. Daß in Paris ein Dirigent den Takt schlagen müsse, dekretiert er, liege doch nur daran, daß in der französischen Oper den Tempi die natürliche Präzision fehle. Der Sänger sei es, der die Musik zu beschleunigen oder zu verlangsamen habe, nicht ein seelenloser Taktschläger, der dazu noch mit seinem Stück Holz einen Lärm veranstalte, als würden Waldarbeiter Bäume fällen. Überdies sei eine französische Arie doch nichts weiter als ein Rezitativ, das aus Gesang und Geschrei zusammengesetzt sei.

Italienische Arien seien nur interessant, wenn man die Noten vor sich habe und sie lese, entgegnet ihm einer der Gäste, auf dem Theater seien sie von eisiger Kälte. Die französische Oper sei vielleicht unerträglich, wenn man die Noten nur auf dem Papier sehe, auf dem Theater aber verzaubere sie.

Viele Arien in der italienischen Oper ergäben doch gar keinen Sinn, sagt ein anderer. Der Komponist habe sie nur um der Musik willen geschrieben, ohne jede Rücksicht auf die theatralische Handlung. Man verharre vor ihnen in kalter Bewunderung, man denke über den Zusammenhang der Töne nach, die man hört, man bestaune die Kehle, die sie formt. Aber nie werde man im Innersten gerührt, weil man immer nur einen Sänger vor sich sehe, der Grimassen schneide und seinen Hals malträtiere, um Applaus für seine Gesangskunst zu ernten. Alles sei künstlich, es gebe nichts Natürliches in der italienischen Oper.

Es sei doch nichts weniger natürlich, bekräftigt ein dritter Gast, als wenn zwei Personen miteinander reden, ohne sich je zuzuhören oder auf den anderen einzugehen, ganz gleich, ob sie beide immer dieselben Worte sagen oder einander widersprechen. Eine solche Unhöflichkeit, wie sie in den Duetten italienischer Opern gang und gäbe sei, vertrage sich weder mit der Würde der handelnden Personen noch mit der guten Erziehung, die man einem König oder einer Prinzessin doch unterstellen müsse. Ein gesungenes Duett sprenge per se den Rahmen des Natürlichen, und deshalb könne es nicht zu Herzen gehen.

Caffarelli erklärt auf all diese Vorhalte mit seiner hohen Stimme, die, wenn er in Erregung ist, besonders schrill und überlaut klingt, bei dem, was bei den Franzosen Gesang heiße, handle es sich doch nur um ein unaufhörliches Gebelle. Um für die Ohren erträglich zu sein, bedürfe die französische Musik dringend der Hilfe der Augen. Eigentlich hätten die Franzosen gar keine Musik und könnten auch keine haben. Wenn sie Geschmack beweisen wollten, dann könnten sie das auf ganz einfache Weise tun. Sie müßten nur ihrer Musik entsagen und die italienische übernehmen.

Zu dem Essen ist auch der Schriftsteller Ballot de Sauvot eingeladen, der Ballette des französischen Komponisten Jean-Philippe Rameau, seit acht Jahren Hofkomponist des Königs von Frankreich, eingerichtet hat. Ballot fühlt sich durch Caffarellis Ausbruch in seiner nationalen Ehre gekränkt. Bald ist er der einzige, der gegen den immer erregteren italienischen Sänger argumentiert. Ballot kommt schließlich auf die gewisse Operation zu sprechen, die so wesentlich zur italienischen Musik gehöre und die völlig gegen jede Menschlichkeit sei. Es sei unbegreiflich, daß man sie in diesen aufgeklärten Zeiten als Überbleibsel der asiatischen Wollust zur Schande der Natur beibehalte. Wie lächerlich sei es zudem, Könige und Helden, überhaupt männliche Personen durch Unvermögende und folglich doch Leute, die schon von Natur dem Charakter des Helden widersprächen, darstellen zu lassen. Und Ballot steigert sich schließlich in die Feststellung, es sei nur ekelhaft, in einem Heldenepos nichts anderes als zarte und weibische Stimmen zu hören. Aber bei den bekannten ultramontanen Neigungen der Italiener sei das alles ja kein Wunder.

Caffarelli vergißt sich. Er weiß zwar nicht genau, was Ballot mit den ultramontanen Neigungen meint, aber daß es keine Schmeichelei ist, sondern eher eine Ferkelei sein muß, das versteht er. Bald schreien sich Caffarelli und Ballot nur noch an. Mit Mühe können die beiden Streitenden von den anderen Gästen daran gehindert werden, sich im Haus des Steuerpächters gegenseitig an die Gurgel zu fahren. Noch am selben Tag treffen sie sich im Bois de Boulogne zu einem Duell. Ballot, der ein schwächerer Fechter als Disputant ist, geht mit einigen blutigen Blessuren nach Hause.

Am 5. November singt Caffarelli in einem außerordentlichen Concert spirituel zwei italienische Arien. Die »geistlichen Konzerte« finden an den Tagen, an denen die Theater geschlossen sind, im Saal des Palais Royal statt. Es werden Psalmen und Kantaten gesungen, Concerti und Symphonien gespielt. Die berühmtesten Musiker wirken mit.

Das Konzert bleibt Caffarellis einziger öffentlicher Auftritt in Paris. Ein Rezitativ oder eine pathetische Arie aus einer französischen Oper zu singen, weigert er sich. Beim Publikum, das Kastraten nicht gewohnt ist, löst seine Stimme durchaus Enthusiasmus aus. Im »Mercure de France« kann er später lesen: »Man bewunderte die Kunst und den Geschmack seines Gesangs, die Schönheit und den Schmelz seiner Stimme, wie fein und mit welcher Kenntnis er den Orgelpunkt setzte. Dem Sänger wurde seinem überreichen Talent und seinem großen Ruhm gemäß gehuldigt.«

Am Tag nach der Aufführung läßt der französische König dem Sänger durch seinen Hofmarschall eine goldene Schnupftabakdose überbringen. Caffarelli sieht sofort, daß es kein besonders kostbares Stück ist. Schnupftabakdosen sind in dieser Zeit ein gängiges Geschenk, mit Diamanten und anderen Edelsteinen geschmückt, sind sie meist mehr prachtvoll als schön. Caffarelli führt den königlichen Beamten in sein Schlafzimmer. Auf dem Kaminsims steht eine kleine Sammlung von Schnupftabakdosen, deren jede bereits auf den ersten Blick wertvoller aussieht als die des Königs von Frankreich. Der Sänger deutet mit einer theatralischen Armbewegung auf seine Sammlung: er werde nur eine Dose annehmen, die zumindest mit dem Bildnis des Königs geschmückt sei. Der Hofmarschall gerät aus der Fassung, ein so impertinentes Verhalten hat er noch nicht erlebt. Er stottert fast: Dosen mit seinem eigenen Bild verschenke der König nur an die Botschafter fremder Mächte. Caffarelli gibt ihm die Schnupftabakdose mit einer generösen Geste zurück. »Dann sollen doch die Botschafter vor dem König und Madame la Dauphine singen«, sagt er gereizt.

Am nächsten Tag kommt Madame la Dauphine selbst in Caffarellis Quartier. Sie überreicht ihm einen Paß. Der Paß sei vom König selbst unterzeichnet, sagt sie. Das sei eine große Ehre für ihn. Allerdings hätten vom König eigenhändig unterzeichnete Pässe nur eine Gültigkeit von zehn Tagen.

Caffarelli versteht. Er hat das Land vor Ablauf dieser Frist zu verlassen.

Im November 1753 ist Caffarelli wieder in Neapel. Am 20. Januar des neuen Jahres muß er sich in der Karnevalsoper *Alexander in Indien* von Baldassare Galuppi den Beifall mit einem Elefanten teilen. Der türkische Sultan hat ihn als Präsent an den König von Neapel geschickt, und der Elefant ist die Attraktion des Teatro San Carlo. König Karl liebt Riesenaufmärsche auf der Bühne, vielleicht, weil er dabei in seiner entfernten Loge wenigstens etwas erkennen kann. Eine Schlacht gehört für ihn zur Opernhandlung. Deshalb wird gelegentlich die königliche Kavallerie mit ihren Pferden in die Oper abkommandiert.

Das große Erdbeben

Im Sommer 1754 kann Caffarelli in Neapel sein Stadtpalais beziehen, in einer Nebenstraße der Via Toledo, nur wenige Schritte vom Teatro San Carlo entfernt. Über dem Eingang prangt die Inschrift: »*Amphyon Thebas / Ego Domum* – Amphion erbaute Theben, ich dieses Haus«. Caffarelli wohnt noch nicht lange dort, da hat jemand an die Außenwand gepinselt: »*Ille cum / tu sine* – er mit, du ohne.«

1755 ist Caffarelli in Lissabon. Portugals König José regiert seit fünf Jahren das reiche Land, das aus seiner Kolonie Brasilien neben Gold und Diamanten auch Kostbarkeiten wie Tabak, Kakao und Zucker nach Europa bringt. José liebt die Musik, er hat Gizziello als Operndirektor nach Lissabon berufen, am Ufer des Tejo von Giovanni Carlo Galli-Bibiena ein neues Opernhaus erbauen lassen. Bibiena stammt aus einer traditionsreichen Familie berühmter Theaterarchitekten. Sein Großvater Giovanni Maria hat schon vor mehr als 100 Jahren Bühnenbilder entworfen, die mit virtuoser Anwendung der Zentralperspektive, mit vielfach gebrochenen Treppenfluchten, Bogenhallen oder Palastarchitekturen die Tiefenwirkung der Bühne ins Grenzenlose geführt haben.

Giovanni Carlos Vater Francesco hat diese Perspektiv-Apotheosen, in denen Realität und Illusion zu einer untrennbaren Einheit verschmelzen, vervollkommnet. Die

Dekorationen wurden so gemalt, als ob sie über das Proszenium hinaus in den Zuschauerraum reichten, wodurch sich die Bühnengrenzen verloren.

Das neue Theater am Tejo, das Caffarelli als das prunkvollste erscheint, das er je gesehen hat, wird zum Geburtstag der portugiesischen Königin am 31. März 1755 mit *Alexander in Indien*, komponiert von Davide Perez, eröffnet. Auch die prunkvolle Bühnenausstattung hat Giovanni Carlo Galli-Bibiena gestaltet, und sie weist alles auf, was das Barocktheater an Illusionismus zu bieten hat. Neben der kunstvoll gemalten Scheinarchitektur gibt es echte Wasserfälle und Scharen von phantastisch kostümierten Statisten. Auf der Bühne erscheint eine makedonische Phalanx und eine Truppe zu Pferde. Der Reitlehrer des Königs reitet Alexanders Roß Boukephalos zu den Klängen eines Marsches.

Da in Lissabon genau wie in Rom keine Sängerinnen auftreten dürfen, ist ein erlesenes Kastratenensemble engagiert worden. Caffarelli und Gizziello singen Alexander und den indischen König Poros, Giovanni Manzuoli und Gaetano Guadagni, beide um die 30, sind die »Primadonnen« (Guadagni wird sieben Jahre später Glucks erster Orpheus sein, Manzuoli 1772 seine Bühnenkarriere als Mozarts *Ascanio in Alba* beenden). Zu ihnen stößt noch der Tenor Anton Raaf. Die Sänger werden für ihren Auftritt mit Gold aufgewogen.

Die Eröffnungsoper ist als prächtiger Auftakt für eine glanzvolle Zukunft des Ensembles in Lissabon gedacht. Alle Sänger richten sich darauf ein, für einige Zeit in der portugiesischen Hauptstadt zu bleiben.

Das Fest Allerheiligen verbringen sie gemeinsam Tejo-aufwärts in Santarem. Kurz vor zehn Uhr weckt Caffa-relli ein heftiges Vibrieren des Bodens, das ihn an das Erdbeben von Wien erinnert. Sekundenschnell ist ihm bewußt, daß das Tosen und Brausen, das er in der Luft zu hören glaubt und das wie ein wirrer, seltsamer Traum erscheint, ein großes Unheil ankündigt. Die Erde bebt mit einer Stärke, wie man es noch nicht erfahren hat. Bis nach Santarem ist das Zusammenkrachen der Häuser, das Knistern der Flammen zu hören. Im nahen Lissabon muß ein Inferno ausgebrochen sein.

Caffarelli ist nicht fromm, aber er kennt aus seiner Kindheit die Geschichte von der Eröffnung des siebenten Siegels. In seiner Bibel liest er: »Und der Engel nahm das Rauchfaß, füllte es mit Feuer und warf es auf die Erde, da erfolgten Getöse, Donnerschläge, Blitz und Erdbeben. Und die Engel, die die sieben Posaunen hatten, schickten zum Blasen sich an. Und Feuer mit Blut gemischt fiel auf die Erde, und der dritte Teil der Erde verbrannte, und alles grüne Gras verbrannte. Der zweite Engel posaunte, und es stürzte ein großer Berg brennend ins Meer, und der dritte Teil des Meeres wurde Blut. Der dritte Teil der im Meer lebenden Geschöpfe kam um, und der dritte Teil der Schiffe ging unter. Und der nächste Engel posaunte, er öffnete des Abgrundes Schlund, und ein Rauch stieg aus dem Schlunde empor, und die Sonne und die Luft wurden von dem Rauche des Schlundes verfinstert. Und in derselben Stunde entstand ein großes Erdbeben, der zehnte Teil der Stadt fiel zusammen und siebentausend Menschennamen kamen in dem Erdbeben um ...«

Als die Sänger eine Woche später nach Lissabon zurückkehren, stellen sie fest, daß es die Stadt noch schlimmer getroffen hat, als es die *Apokalypse* ausmalt. Die ganze Unterstadt von Lissabon ist wie verschlungen. In weniger als einer Viertelstunde sind die Paläste, die Kirchen, die Wohnungen wie Kartenhäuser in sich zusammengestürzt. Ein Feuersturm hat vernichtet, was die Wucht der sich aufbäumenden Erde stehenließ. Vier Tage hat es gebrannt. Lissabon, die stolze Stadt, war einmal. Vom prachtvollen Theater stehen nur noch die nackten seitlichen Mauern und zwei Bögen der Eingangshalle.

Überlebende berichten den Sängern, das Unglück habe am 1. November gegen 9 Uhr in der Frühe mit einem Wirbelwind begonnen, wie man ihn so stark noch nicht erlebt hat. Die Bewohner, die sich aus ihren Häusern ins Freie hatten retten können und zu den mit Marmor ausgelegten Kaianlagen gelaufen waren, seien dort von einer Flutwelle überrollt worden. Das Meer sei emporgebraust, habe sich in den Hafen ergossen und die vor Anker liegenden Schiffe zermalmt. Feuer- und Aschenwirbel bedeckten die Straßen und Plätze, die Grundmauern der Häuser gingen aus den Fugen, Giebel und Dächer stürzten herab, die Häuser zerfielen in Schutt und Trümmer und begruben dreißigtausend Menschen unter sich.

Auch die Sänger, Instrumentalisten und Tänzer der portugiesischen Oper haben alles, bis auf ihr nacktes Leben, verloren. Über Madrid wollen sie in ihre Heimat zurückkehren. Dort hat Farinelli einen Solidaritätsfonds ins Leben gerufen, in den er aus eigener Schatulle 2000 Dublonen eingezahlt hat. Beim König und der Königin, die sich als gebürtige portugiesische Prinzessin von dem Unglück besonders betroffen fühlt, bei den spanischen Granden sammelt er für seine in Not geratenen Kollegen.

Das Unglück von Lissabon hat ganz Europa aus einem selbstsicheren Fortschrittsglauben gerissen. Die Natur hat offenbar beweisen wollen, daß sie sich nicht vom Menschen beherrschen läßt. Die bei Intellektuellen modische Ansicht, in der besten aller Welten zu leben, ist auf das grausamste widerlegt worden. Gizziello ist so erschüttert, daß er beschließt, nie mehr in einem Theater aufzutreten. Auch Caffarelli will sich völlig von der Bühne zurückziehen.

Abgesang

Im nächsten Jahr nimmt Caffarelli doch wieder ein Engagement am Teatro San Carlo an. Neben ihm sind zwei jüngere Kastraten engagiert, Giovanni Manzuoli, der mit Caffarelli aus Lissabon nach Neapel zurückgekehrt ist, und der bildschöne, knapp zwanzigjährige Giusto Ferdinando Tenducci, der den Frauen und Männern in Neapel den Kopf verdreht, wie es Caffarelli in seiner Jugend in Rom getan hat. Caffarelli muß darüber lachen, aber er ist auch eifersüchtig. Er ist jetzt fast 50, und zum ersten Mal empfindet er sein Alter.

Er hat viel verdient in all den Jahren, mit seinem Vermögen kann er sich im November 1757 das Landgut San Donato bei Otranto in Kalabrien kaufen, das ihm den Titel eines Herzogs einbringt. Die Käuflichkeit solcher Titel ist ein Erbe der österreichischen Herrschaft. Die Neapolitaner sagen spöttisch, ein Herzog möge Caffarelli ja sein, aber adlig sei er nicht.

1759 stirbt der spanische König Ferdinand. Sein Stiefbruder Karl IV. von Neapel tritt als Karl III. von Spanien dessen Nachfolge an. Zu seinen ersten Amtshandlungen gehört die Entmachtung Farinellis, der in den letzten 25 Jahren die Regierungsgeschäfte in Spanien geführt hat. Kapaune taugten nur für die Küche, sagt Karl III., als ihm in Madrid die Vornehmen seines Reiches präsentiert werden. Farinelli wird aus Spanien verbannt. In Neapel rechnet man damit, daß der Sänger in die Stadt seiner Jugend zurückkehrt. Caffarelli freut sich darauf und fürchtet sich gleichzeitig davor. Einerseits hat er Angst vor der immer größer werdenden Einsamkeit, die um ihn ist, seit er nur noch selten in der Oper auftritt. Andererseits muß er damit rechnen, daß er wieder nur der Zweite nach Farinelli sein wird, wenn der legendäre Sänger in Neapel lebt. Er ist enttäuscht und erleichtert zugleich, als sich herumspricht, daß Karl III. Farinelli die Rückkehr in seine Heimat, die zum spanischen Herrschaftsgebiet gehört, verboten hat.

Neuer König von Neapel wird Ferdinand, drittgeborener Sohn Karls. Seinen ältesten Sohn, zu dessen Geburt Caffarelli vor zwölf Jahren gesungen hat, hat sein Vater, als er nach Madrid ging, für regierungsunfähig erklären lassen. Man munkelt in Neapel, er sei durch die Mißhandlungen seiner Mutter, die ihn fast täglich verprügelt habe, blödsinnig geworden. Die sächsische Prinzessin soll sich in Neapel in eine geizige, herrschsüchtige und boshafte Person verwandelt haben. Karls zweiter Sohn wird zum Prinzen von Asturien und damit zum spanischen Thronfolger erklärt.

Kurz nach seinem 50. Geburtstag hört Caffarelli, daß sein alter Lehrer Porpora wieder in Neapel ist. Caffarelli geht ihm aus dem Weg. Porpora soll völlig verarmt sein. Er war zuletzt in sächsischen Diensten, und seit dem Krieg zwischen Preußen und Sachsen wurde seine Pension nicht mehr gezahlt. Eine Weile hat Porpora sich in Wien als Privatlehrer durchzuschlagen versucht. Mit 74 Jahren hat er aus Geldnot in Neapel erneut die Stelle eines Gesanglehrers am Conservatorio Sant'Onofrio angenommen. Schon nach einem Jahr wird Porpora wieder entlassen. Er ist zu stolz, seinen ehemaligen Schüler, der im Geld zu schwimmen scheint, um Unterstützung zu bitten. Außerdem fürchtet er wohl zu Recht, der würde ihm jede Hilfe verweigern. Noch zwölf Jahre lebt er in Neapel in tiefster Armut.

Das Publikum scheint mit Caffarelli nicht mehr recht zufrieden. Seine große Zeit ist vorbei, das bleibt auch ihm nicht verborgen. Als er auf die 60 zugeht, muß er die Komponisten bitten, rücksichtsvoll für seine Stimme zu schreiben, keine schnellen Läufe in den Arien vorzusehen, Fugen zu vermeiden, ihm überhaupt keine längeren Szenen mehr zuzumuten, da er schnell ermüdet.

Ende 1762 kommt Hasse nach Neapel und erzählt Caffarelli, daß während des Krieges bei einem Angriff auf Dresden eine preußische Brandbombe sein Haus getroffen hat. Mit dem Haus sind auch alle Abschriften seiner Opern verbrannt, die er gerade für eine Drucklegung sortiert hatte. Im San Carlo singt Caffarelli am 20. Januar 1763 noch einmal in einer Oper von Hasse, *Il trionfo di Clelia*. Im selben Jahr wird ihm die Direktion des Theaters angetragen, aber er lehnt ab.

Caffarelli tritt jetzt nur noch selten öffentlich auf. 1764 besucht der berühmte englische Schauspieler David Garrick Neapel. Am 5. Februar schreibt er an seinen Freund Charles Burney, er habe bei einem Nonnengelübde Caffarelli gehört: »Das Mädchen war die Tochter eines Herzogs. Alles wurde mit großer Pracht und gewaltigem Aufwand zelebriert. Die Kirche war reich geschmückt, es gab zwei große Orchester. Die heilige Handlung wurde mit aller Feierlichkeit vollzogen, ich war sehr gerührt. Um allem aber noch die Krone aufzusetzen, wurde die Hauptstimme von Caffarelli gesungen, der mir, obwohl er schon alt ist, mehr gefallen hat als alle anderen Sänger, die ich bisher gehört habe. Es hat mich im Innersten bewegt, und es war das erste Mal, daß mir dies widerfahren ist, seit ich in Italien bin.«

Für die Hochzeit von König Ferdinand mit Maria Karolina von Österreich, einer Tochter Maria Theresias, wird das Teatro San Carlo renoviert. In den Logen werden Spiegel angebracht, so daß bei Gala-Aufführungen das Licht der vielen Wachskerzen reflektiert und eine noch größere Pracht und Helligkeit erzeugt wird. Der König ist gerade 17 Jahre alt. Er ist fast völlig ohne Erziehung geblieben. Das einzige, was sein Vater ihm beigebracht hat, ist das Jagen. Immerhin hat er durch die viele frische Luft eine gesunde Konstitution. Er liebt es, im Theater zu Abend zu speisen und zeigt sich den Zuschauern in seiner Loge gern mit einer Schüssel Maccaroni, die er zum Vergnügen der Neapolitaner mit lautem Schmatzen verzehrt.

Maria Karolina hat am Hof von Wien die beste Erziehung genossen, die man sich denken kann. Eigentlich war ihre etwa ein Jahr ältere Schwester als Königin von Neapel vorgesehen. Doch einen Monat nach der Verlobung ist sie am 15. Oktober 1767 plötzlich gestorben. Innerhalb von drei Monaten mußte Maria Karolina als Ersatz-Braut einspringen. Am Morgen nach der Hochzeitsnacht erhob sich der junge König früh, ließ seine neue Gemahlin allein im Bett zurück und ging auf die

Jagd. Seinen Höflingen sagte er: »Sie schläft, als wäre sie geschlachtet worden, und schwitzt wie ein Schwein.«

Zur Feier der Hochzeit wird am 20. Januar 1768 Paisiellos *Alceste in Ebuda* aufgeführt. Mit dieser Oper nimmt der achtundfünfzigjährige Caffarelli seinen Abschied von der Bühne. Immerhin hat er den heimlichen Triumph, daß es keinen wirklichen Nachfolger für ihn gibt, jedenfalls nicht in Neapel.

Kurze Zeit später berichtet ihm der junge neapolitanische Schriftsteller und Librettist Saverio Mattei, Metastasio habe in einem Brief darüber geklagt, daß die Ballette, die schon immer in den Pausen zwischen den einzelnen Akten gegeben wurden, inzwischen zur Hauptsache der Theaterabende geworden seien. Die Tänzer hätten das Vermögen, menschliche Leidenschaften und dramatische Handlungen darzustellen, an sich gerissen. Metastasio sei der Meinung, sie hätten die Gunst des Publikums mit Recht erworben, wie die Kastraten sie mit Recht verloren hätten. Weil diese mehr und mehr damit zufrieden gewesen seien, bei ihren Arien die Ohren mit einer meist langweiligen Gurgelsonate zu kitzeln, hätten sie die Mühe, das Herz der Zuschauer zu gewinnen, den Tänzern überlassen.

Caffarelli kann diesem Verdikt Metastasios nur zustimmen und merkt gar nicht, daß er damit auch ein Urteil über sich selbst und seine untergehende Kunst spricht.

Der kleine Mozart

Im Mai 1770 kommt der Salzburger Komponist Leopold Mozart mit seinem Sohn Wolfgang Amadeus nach Neapel. Die beiden machen eine Studienreise durch Italien. Der Vierzehnjährige, den sein Vater seit Jahren in ganz Europa als Wunderkind vermarktet, hat den Auftrag, für die Wintersaison des Mailänder herzoglichen Theaters eine Oper zu schreiben.

Bevor der junge Komponist sich im Herbst in Mailand an die Komposition der Oper *Mitridate, re di Ponto* macht, soll er mit den aktuellen Trends der italienischen Musik vertraut werden. Und er soll den drei Altmeistern der Kastraten begegnen, die sich erst kürzlich in Italien zur Ruhe gesetzt haben. In Padua haben die Mozarts Gaetano Guadagni besucht, der nach seiner Rückkehr aus Lissabon als Glucks Orpheus Triumphe in vielen Ländern gefeiert hat. In Bologna haben sie Farinelli getroffen, in seinem Landhaus die Sammlung kostbarer Cembali bewundert, die der Sänger aus Spanien mitgebracht hat. In Neapel wollen sie nun den dritten großen Kastraten des Jahrhunderts kennenlernen, der sich erst zwei Jahre zuvor von der Bühne verabschiedet hat.

Im April ist es in Bologna und Rom noch kalt gewesen, in Neapel wird es endlich warm, und Leopold und Wolfgang Amadeus können zum ersten Mal ihre neuen Sommerkleider anziehen, die sie sich für Italien haben schneidern lassen. Wolfgangs Rock ist apfelgrün und hat silberne Knöpfe, das Gewebe aus Seidenmoiré hat eine schillernde, das Licht reflektierende Oberfläche. Innen ist es mit rosafarbenem Taft gefüttert. Der Kleine ist mächtig stolz auf seinen neuen Anzug.

So herausgeputzt stehen Vater und Sohn Mozart vor dem Haus Caffarellis. Ein schlichter marmorner Bogen rahmt das Portal, flankiert von verkröpften Pilastern. Über dem Torbogen bedeckt ein marmorner Baldachin eine geschwungene Inschrifttafel: »Amphyon Thebas, ego domum, Anno Domini 1754«.

Nahezu alle Besucher aus dem Ausland, die nach Neapel kommen, besehen sich das Haus mit der beziehungsreichen Inschrift im Vico Carminiello. Kein Buch über Italien und Neapel, das in diesen Jahren in England, Deutschland oder Frankreich veröffentlicht wird, versäumt es, auf die Inschrift und den prominenten Besitzer hinzuweisen.

Amphion erbaute Theben – ich dieses Haus, der Spruch zeugt vom Selbstbewußtsein des in ganz Europa umjubelten Sängers. Amphion ist in der griechischen Sage der Erfinder der Leier, der lydischen Harmonie und des Gesangs zur Kithara, kurz der ganzen Musik. Sein Zwillingsbruder Zethos verspottet ihn, daß er es mit seinem ewigen Musizieren zu nichts bringen werde. Als die beiden die Stadt Theben vergrößern und das Gelände der Unterstadt mit einer Mauer einfassen wollen, schleppt Zethos schwere Steine heran, der Schweiß rinnt ihm in Strömen den Körper hinab. Amphion spielt während dessen auf seiner Leier. Zethos fordert den Bruder ärgerlich auf mitzuhelfen. Der geht umher, ohne mit dem Spielen aufzuhören, und die größten Steine bewegen sich von selbst, fügen sich an den passenden Platz.

*Die Inschrift an Caffarellis Stadtpalais
in Neapel*

Der Spruch muß beim Besuch der Mozarts in Neapel eine Rolle gespielt haben, »Amphion erbaute Theben, ich dieses Haus« wurde wohl so etwas wie ein geflügeltes Wort zwischen Vater und Sohn. Und wie wir Leopold aus seinen Briefen kennen, dürfen wir annehmen, daß er seinem Sohn vor dem Haus in Neapel nicht nur die mythologische Bedeutung der Inschrift erklärt, sondern ihm auch eine kleine Standpauke gehalten hat: er solle sich ein Beispiel nehmen an diesem reichen Sänger, sein Stadtpalais sei der Stein gewordene Beweis, daß sich mit Kunst, mit Musik ein Vermögen erwerben lasse.

Dem Vierzehnjährigen wird die Fixierung seines Vaters aufs Geld mächtig auf den Geist gegangen sein. Vielleicht hat die Penetranz, mit der Leopold seinem Sohn den Kastraten als Vorbild hinstellte, als Vorbild fürs Geldverdienen zumindest, zur Folge gehabt, daß Wolfgang Amadeus dem alten Caffarelli gereizt gegenübertrat. Wir wissen weiter nichts über ihr Zusammentreffen, wir haben nur guten Grund anzunehmen, daß der damals sechzigjährige Sänger dem erst vierzehnjährigen Komponisten herzlich unsympathisch vorgekommen ist.

Es ist nur zu wahrscheinlich, daß Mozart dem Sänger erzählt hat, wie er vor ein paar Jahren in London zum ersten Mal den Gesang von Kastraten gehört hat, und, wie er sicherlich hinzugefügt haben wird, in der englischen Hauptstadt waren zwei wundervolle Sänger, vollkommen in ihrer Art, die erklärten Lieblinge des Theaterpublikums. Und er wird ihre Namen genannt haben: Giovanni Manzuoli und Giusto Ferdinando Tenducci. Gerade die beiden Sänger, die Caffarelli in Neapel in den

Schatten stellten, als er aus Lissabon zurückgekommen war. Die beiden wurden umjubelt, ausgerechnet in London, das Caffarelli, wenn er ehrlich ist, als Geschlagener verlassen mußte. Das Lob des kleinen Jungen muß Caffarelli gekränkt haben, vielleicht benahm er sich deshalb gegen Mozart mit der kühlen Herablassung des umjubelten Künstlers einem Anfänger gegenüber.

Oder Caffarelli mag gedacht haben, schon wieder ein deutscher Komponist. Was ist das doch für eine seltsame Nation. Der erste, den er kennengelernt hat, Hasse, wollte nichts mehr, als Italiener sein. Der zweite, Händel, gab sich als Engländer aus. Der dritte, Gluck, war schwierig, wenn er sich auch letztendlich mit ihm zusammengerauft hat. Aber er hat nicht über ihn triumphieren können. Und nun dieser aufgeputzte kleine Junge mit dem angestrengten Humor eines frühreifen Bengels, der sich ihm als Wolfgango Amadeo vorgestellt hat.

Vielleicht wäre Caffarelli doch noch aufgetaut, wenn der kleine Mozart von seinem Besuch im Haus des Prinzen von Sachsen-Hildburghausen in Wien erzählt hätte. Vor acht Jahren ist der Sechsjährige nach einem Klavierkonzert vor dem Kaiserpaar im Schloß Schönbrunn mit seinem Vater ins Palais Auersperg gefahren, wo er Vittoria Tesi damit entzückte, daß er vor ihrer neuen Dienerin, einer Mohrin, nicht voller Schrecken davonlief, sondern ihr auf den Schoß sprang und sie begeistert abküßte.

Leopold führt auf der Italienreise ein Heft mit, in dem er ordentlich vermerkt, welchen Persönlichkeiten Vater und Sohn in welcher Stadt begegnet sind. In Neapel wird die Liste angeführt von »Il Re e la Regina – der König und die Königin«. Im Anschluß an die Namen, die Leopold notiert hat, sind auch einige in der kindlichen Handschrift von Wolfgang Amadeus eingetragen. »Sig. Aprile, Musico professore« und »Sig. Jomelli, Maestro di capella«, immer nur der Name und der Beruf. Nur eine Person ist mit einem Kommentar versehen: »Sig. Caffariello, ein schwerreicher Kastrat, singt noch in Kirchen, um ein paar Groschen zu verdienen«.

Zum Namenstag von König Ferdinand wird am 30. Mai im Teatro San Carlo Niccolò Jommellis Oper *L'Armida abbandonata* gespielt. Caffarelli hat den Komponisten seit ihrer gemeinsamen Arbeit vor elf Jahren in Wien nicht mehr gesehen. Bis zum Vorjahr ist Jommelli fast 16 Jahre lang Hofkapellmeister in Stuttgart gewesen. Er hat die württembergische Residenz ohne förmlichen Urlaub verlassen, um seine kranke Frau in ihre Heimat Apulien zu begleiten. In seiner Abwesenheit setzte am Stuttgarter Hof ein gehässiges Intrigenspiel gegen Jommelli ein. Der Fünfundfünfzigjährige wurde ohne Pension entlassen, die Herausgabe seiner Partituren verweigert, nicht einmal Kopien durfte er für sich machen lassen. Vor einem Jahr ist seine Frau gestorben. In Neapel hat er jetzt seinen ersten Auftritt in Italien seit fast 20 Jahren.

Wolfgang Amadeus findet die Oper altmodisch und zu wenig theatralisch. Sie sei schön, aber zu gescheit, schreibt er nach Salzburg. Auch vom Publikum wird Jommellis *Armida* eher kühl aufgenommen.

Im November desselben Jahres ist der englische Musikwissenschaftler Charles Burney in Neapel. Er wird Caffarelli während einer Opernvorstellung im San Carlo vorgestellt. Dem Engländer gegenüber verhält sich der Sänger leutselig. Das ist für ihn ein bedeutenderer Mann als dieser deutsche Kinderkomponist. Er hat sicher gehört, daß Burney an einer Geschichte der Musik arbeitet und in Neapel Quellenstudien betreibt. In einem englischen Buch möchte er nicht negativ dargestellt werden. Wer weiß, was der Engländer aus seinem Londoner Engagement macht, wenn er ihm hochnäsig begegnet. Caffarelli bietet Burney an, ihm einen ganzen Tag zu widmen, ihm für alle Fragen zur Verfügung zu stehen. Er könne ihm sicherlich aus seinem langen Künstlerleben viel Bemerkenswertes berichten. Burney notiert in seinem Tagebuch: »Caffarelli sieht noch gut aus, er hat einen sehr lebendigen und anregenden Gesichtsausdruck. Er sieht nicht älter aus als 50, obwohl er schon 63 sein soll. Er war sehr höflich und unterhielt sich mit mir sehr ungezwungen und freundlich.«

Bei einer Abendgesellschaft, auf der Caffarelli den Engländer wiedertrifft (immerhin ist der Sänger erst erschienen, als keiner mehr mit seinem Kommen gerechnet hat), läßt er sich nach nur kurzem Zureden dazu herab, ein Arie zu singen. Caffarelli begleitet sich dabei selbst am Cembalo. Alle sind entzückt, der englische Reisende notiert äußerst schmeichelhafte Bemerkungen über den Gesang in seinem Tagebuch, das er im Jahr darauf veröffentlicht und das kurze Zeit später auch in deutscher Übersetzung erscheint.

Das Nonnengelübde

Am 1. Mai 1779 ist, wie in jedem Jahr am ersten Samstag dieses Monats, die Kathedrale San Gennaro völlig überfüllt. Ganz Neapel will das Blutwunder erleben. Caffarelli hat oft bei der Feier gesungen, in der der Erzbischof dem Volk eine Phiole mit dem geronnenen Blut des heiligen Januarius präsentiert. Mit einer großen Wachskerze, die er an das Glas hält, demonstriert er, daß es geronnen ist. Das Wunder besteht darin, daß es sich nach dem Te Deum vor den Augen der Menge wieder verflüssigt. Der Erzbischof ruft dann laut: »Das Wunder ist geschehen«, alle werfen sich auf die Knie, und das Te Deum wird noch einmal gesungen.

Der König und die Königin sind mit ihrem ganzen Hofstaat in die Kathedrale gekommen. Zwei große Orchester sitzen auf Podien im Chorraum, die Sänger und Musiker aller Konservatorien sind in der Kirche versammelt.

Doch in diesem Jahr will das Wunder nicht gelingen. Der Erzbischof dreht die Phiole, hebt sie auf und nieder, es geschieht nichts. In der Kirche hört man das Geschrei von Männern und Frauen: »Heilige Jungfrau! Hilf dem heiligen Januarius! Hilf ihm, das Wunder zu vollbringen! Lieben wir ihn nicht genug? Verehren wir ihn nicht genug?« Doch als auch diese Rufe nichts nützen, ändern sie ihren Text: »Porco di San Gennaro, barone maledetto, cane faccia gialutta – du Saukerl von einem Heiligen, verdammter Schuft, gelbgesichtiger Hund«, und während sie so schreien, verflüssigt sich das Blut. Alle werfen sich auf den Boden, die alten Frauen raufen sich die Haare und wimmern: »O Heiligster, vergib uns noch einmal, nie wieder werden wir zweifeln!«

Als ob der Heilige sich tatsächlich rächen wolle, bricht drei Monate später der Vesuv aus. Vom 8. bis 11. August speit der Berg eine rotgelbe Feuerfontäne aus, die Neapel in Angst und Schrecken versetzt, aber auch zahlreiche Schaulustige an die Ufer des weiten Golfes lockt, wo sich der feuerspeiende Berg des Nachts auf beeindruckende Weise im Meer spiegelt. Unterhalb des Gipfels läuft glühende Lava aus, das Spektakel ist großartiger als das prachtvollste Feuerwerk.

Caffarelli kann dem Schauspiel nichts abgewinnen. Er muß an Lissabon denken und vergräbt sich in seinem Stadtpalais. Erst wenige Jahre zuvor haben am Fuß des Vesuv spanische Ingenieuroffiziere eine ganze Stadt gefunden, die 1763 als das römische Pompeji identifiziert worden war. Vor Jahrhunderten muß sie in wenigen Stunden von der Asche des Vulkans verschüttet worden sein, und was damals geschah, kann sich jederzeit wiederholen, das hat Caffarelli in Lissabon erfahren.

Als nach einigen Tagen nur noch eine Rauchsäule aus dem Berg aufsteigt und die Wege nach Süden wieder sicher sind, zieht der Sänger sich auf seine Landgüter in Kalabrien zurück, die ihm jährlich 14 000 Dukaten einbringen. In San Donato erhält er noch im selben Jahr den Besuch des Herzogs von Monteleone, der als der reichste Mann Neapels gilt. Seine jüngste Tochter soll in ein Kloster eintreten, sei es, daß die Familie bei allem Reichtum geizig genug war, die Mitgift sparen zu wollen, sei es, daß das Mädchen, obwohl sehr schön, nicht standesgemäß verheiratet werden konnte. Die junge Frau willigt auch ohne Murren ein, der Welt zu entsagen, stellt aber die Bedingung, daß ihr Eintritt in das Kloster mit der größten Pracht gefeiert werden müsse. Und dazu gehört für sie, daß Caffarelli bei der Feier ihres Gelübdes singt. Die ganze Familie bemüht sich, ihr begreiflich zu machen, daß der Sänger sich schon geraume Zeit nicht mehr in der Stadt aufhält, sondern zurückgezogen auf seinen Landgütern lebt. Doch die junge Dame erklärt, den Schleier nur zu nehmen, wenn Caffarelli bei der Feier mitwirke. Vor sechs Jahren habe er beim Gelübde ihrer Cousine gesungen, und sie wolle sich nicht nachsagen lassen, der größte Sänger aller Zeiten habe für ihre Cousine gesungen, für sie aber nicht.

Dem Herzog bleibt nichts übrig, als nach Kalabrien zu fahren. Seine Bitten helfen nicht so sehr wie die gewichtigeren Argumente, die er dem Sänger in Form einer gefüllten Börse darbietet. Caffarelli läßt sich bewegen, nach Neapel zu kommen, und so ist das letzte, was er in seinem Leben singt, ein »Salve Regina« für die Tochter des Herzogs von Monteleone.

Daß Caffarelli aus Furcht vor einem erneuten Ausbruch des Vesuv, aus Angst vor einer Naturkatastrophe, die das, was er in Lissabon erlebt hat, in den Schatten stellen könnte, aus Neapel geflohen ist, ist natürlich nur die halbe Wahrheit. Er wird in Neapel zunehmend unter seiner Einsamkeit gelitten haben. In Neapel ist die Familie heilig, sie ist alles. Alle Freunde und Bekannten in seinem Alter hatten eine Schar von Enkeln, die sie vergöttern konnten. Caffarelli schwamm im Geld, er hätte es sich leisten können, jedem Kind alle Wünsche der Welt zu erfüllen. In jüngeren Jahren war ihm nie bewußt geworden, daß er ohne eigene Familie lebt. Er war immer beschäftigt, immer auf Reisen. Seit er nicht mehr auf der Bühne steht, seit der Jubel des Publikums ihn seine Vereinsamung nicht mehr vergessen läßt, bringt ihm das Fehlen der Enkel seine Verkrüppelung um so schmerzlicher zum Bewußtsein. Es war nicht sein Entschluß, daß er allein geblieben ist. Er konnte keine Familie gründen, durfte nicht einmal mit einer Frau zusammen leben.

Caffarelli macht die Operation für seine Einsamkeit verantwortlich. Ohne sie könnte er jetzt eine riesige Verwandtschaft um sich versammeln. Zu seinem Geburtstag würden zwanzig Enkelkinder um ihn herumkrabbeln und Lieder singen. Daß er dann nicht diesen Reichtum erworben hätte, allenfalls ein satter und fetter Olivenbauer in Bitonto wäre, nicht der umschwärmte und in Neapel von allen Ausländern aufgesuchte prominenteste Bewohner der Stadt, das bedenkt er nicht, wenn er voller Selbstmitleid mit seinem Schicksal hadert.

Caffarelli beneidet Hasse, von dem er hin und wieder Nachricht erhält. Er hat mit seiner Frau Faustina und den Kindern in Venedig seinen Alterssitz genommen. Vor einiger Zeit, wenn er sich recht erinnert, ist es 1773 gewesen, hat er gehört, daß Hasse mit seinen mehr als siebzig Jahren noch einmal eine Oper für Mailand komponiert hat. Sie ist von einem musikalischen Schäferstück des kleinen deutschen Komponisten, der ihn in Neapel mit seinem Vater aufgesucht hat, in den Schatten gestellt worden. Das vorlaute Kind, das ihn damals so genervt hat, nennt sich jetzt nicht mehr Wolfgango Amadeo, sondern Wolfgang Amadé.

Daß Metastasio in Wien auch allein lebt, ist ihm kein Trost. Es war des Dichters eigene Entscheidung, keine Kinder und also auch keine Enkel zu haben. Außerdem ist Wien nicht Neapel. Auch daß Vittoria Tesi 1775 ohne Kinder und Enkel in Wien gestorben ist, kann seine Unzufriedenheit nicht mindern. Sie hatte immerhin noch ihren offiziellen Gatten, den ehemaligen Friseur Tramontini, und ihren Beschützer, den Prinzen von Sachsen-Hildburghausen. Daß ihr Verzicht auf eine Familie ihrer Karriere geschuldet war, hindert ihn nicht, sie zu beneiden. Der einzige, der mit ihm im gleichen Boot sitzt, ist der Rivale, ist Farinelli, der in Bologna so einsam lebt wie er.

Caffarelli weiß wohl nicht, daß Farinelli, genau wie er selbst, in Ermangelung eigener Kinder, seinen Neffen zu sich genommen hat. Und daß dieser Neffe, statt seinen Onkel in Dankbarkeit zu umsorgen, eine Frau geheiratet hat, die Farinelli das Leben zur Hölle macht. Da hat Caffarelli es besser getroffen. Er lebt in San Donato mit einem Sohn seiner Schwester, der sein Erbe sein soll. Der Neffe behandelt seinen Onkel mit Zuneigung und Respekt. Caffarelli könnte zufrieden und glücklich sein. Und in gewisser Weise ist er es auch. In seinen alten Tagen, so erzählt man sich in Neapel, sei der eigensinnige und launische, der geldgierige und geizige Sänger wohltätig und sanft geworden.

Im Jahr 1782 erreicht Caffarelli im Abstand weniger Monate die Nachricht vom Tod Metastasios und Farinellis. Kurze Zeit nach seinen beiden Mitschülern, am 31. Januar 1783, stirbt auch Caffarelli. Er wird in Neapel im Kapuzinerkloster San Efremo Vecchio am Osthang des Capodimonte begraben.

Caffarelli
Lebensdaten und Bühnenlaufbahn

Angegeben sind: Aufführungsdatum · Aufführungsort/Theater ·
Komponist, *Oper*/Rolle, die Caffarelli gesungen hat (andere Sänger)

1710   16. April · Taufe in Bitonto
um 1719 Kastration in Norcia/Preci
1720   September · Tod der Großmutter
um 1720 Nach Neapel zu Porpora
1721   25. Oktober · Tod der Mutter
1726   Karneval · Rom/delle Dame · Sarro, *Il Valdemaro*/Alvida
1726/28 Weitere Auftritte in Frauenrollen?
1728   Karneval · Turin/Reggio · Feo, *Arianna e Teseo*/Arianna
       Karneval · Turin/Fioré · Giay, *I veri amici*
       Himmelfahrt · Venedig/Samuele · Pollarolo, *Nerina*/Alcasto
       Mailand/Ducale · Sarro, *Didone abbandonata*
1729   August · Pistoia · Konzerte
       Herbst · Florenz/Cocomero · Redi, *Viriate*/Erminio (mit
       Tesi)
1730   Januar · Rom/Capranica · Porpora, *Mitridate*/Tigrane
       7. Februar · Rom/Capranica · Porpora, *Siface, re di Numidia*
       Juli · Pistoia · Predieri, *Sirbace*
1731   Genua · NN, *Catone in Utica*
       Genua · NN, *Ezio*
1732   12. Januar · Rom/Capranica · Hasse, *Cajo Fabrizio*/Pirro
       Februar · Rom/Capranica · Porpora, *Germanico in Germania*/Arminio
       Himmelfahrt · Venedig/Samuele · Hasse, *Euristeo*/Ormonte
       (mit Cuzzoni)
       26. Dezember · Mailand/Ducale · Lampugnani, *La Candace*
       (mit Tesi)
1733   Januar · Mailand/Ducale · Porta, *La Semiramide*/Nino
       2. Mai · Bologna/Malvezzi · Hasse, *Siroe, re di Persia*/Medarse (mit Tesi/Farinelli)

1734 Karneval · Venedig/Grisost. · Giacomelli, *Merope*/Trasimede
(mit Farinelli)
Karneval · Venedig/Grisost. · Araja, *Berenice*/Alessandro
(mit Farinelli)
Karneval · Venedig/Grisost. · Hasse, *Artaserse*/Artaserse
(mit Farinelli)
4. Juli · Neapel/Bartol. · Leo, *Il castello d'Atlante*/Ruggiero
25. Oktober · Neapel/Bartol. · Pergolesi, *Adriano in Siria*/
Farnaspe
5. Dezember · Neapel/Bartol. · Leo, *Siface*
1735 23. Januar · Neapel/Bartol. · Sarri/Mancini/Leo, *Demofoonte*
21. Mai · Rom/Tordinona · Duni, *Nerone*
1738 3. Januar · London/Haym. · Händel, *Faramondo*/Fara-
mondo
28. Januar · London/Haym. · Pescetti (?), *La conquista del
vello d'oro*/Giasone
25. Februar · London/Haym. · Händel, *Alessandro severo*
(Pasticcio)
14. März · London/Haym. · NN, *Partenio*/Olinto
15. April · London/Haym. · Händel, *Serse*/Serse
19. Dezember Neapel/Carlo · Ristori, *Temistocle* (mit Tesi)
1739 12. Januar · Neapel/Carlo · Leo, *Demetrio* (mit Tesi)
20. Januar · Neapel/Carlo · Porpora, *Semiramide riconosciuta*/Scitalce (mit Tesi)
29. Oktober · Madrid, Konzert
4. November · Madrid · Corselli, *Farnace* (mit Tesi)
1740 4. November · Neapel/Carlo · Perez, *Siroe, re di Persia*
10. November · Neapel/Pal.Reale · Perez, *I travestimenti*
19. Dezember · Neapel · Leo, *Zenobia in Palmira*
1741 20. Januar · Neapel · Latilla, *Olimpia nell'isola d'Ebuda*
4. November · Neapel · Sarro, *Ezio*
19. November · Neapel · Leo, *Demofoonte*
1742 20. Januar · Neapel · Leo, *Ciro riconosciuto*
4. November · Neapel · Leo, *Andromaca*/Oreste
19. Dezember · Neapel · Hasse, *Issipile*
1743 20. Januar · Neapel · Sarro, *Alessandro severo* (mit Astrua)

4. November · Neapel · Vinci, *Artaserse* / Arbace (mit Astrua)

19. November · Neapel · Leo, *L'Olimpiade* (mit Astrua)

1744 20. Januar · Neapel · Hasse, *Didone abbandonata* (mit Astrua)

4. November · Neapel · Vinci, *Semiramide riconosciuta* (mit Astrua)

19. Dezember · Neapel · Hasse, *Antigono* / Demetrio (mit Astrua)

1745 20. Januar · Neapel · Manna, *Achille in Sciro* / Ulisse (mit Astrua)

4. November · Neapel · Hasse, *Tigrane* (mit Astrua)

Neapel · Gluck, *Ipermestra* (mit Astrua)

1746 4. November · Neapel · Hasse, *Lucio Papirio* (mit Astrua)

1747 20. Januar · Neapel · Majo, *Arianna e Teseo* (mit Astrua)

30. August · Florenz / Pergola · Bernasconi, *L'Antigono* / Demetrio

29. September · Florenz / Pergola · Caldara, *Cajo Mario* / Annio

4. November · Neapel · Hasse, *Siroe* (mit Tesi, Gizziello)

9. November · Neapel · Majo, *Il sogno d'Olimpia* (mit Tesi, Gizziello)

19. Dezember · Neapel · Latilla, *Adriano in Siria* (mit Tesi)

1748 20. Januar · Neapel · Cocchi, *Merope* (mit Tesi, Gizziello)

April · Genua · Duni, *Il Ciro riconosciuto*

1. September · Florenz / Pergola · Vinci, Scarlatti, Hasse, Porpora, *Siroe* / Siroe

29. September · Florenz / Pergola · NN (Perez?), *Artaserse* / Arbace

26. Dezember · Rom / delle Dame · Abos, *Arianna e Teseo* / Teseo

Rom / delle Dame · Perez, *Semiramide riconosciuta*

1749 16. April · Wien · Jommelli, *Catone in Utica* / Cesare (mit Tesi, Raaf)

17. Mai · Wien · Wagenseil, *L'Olimpiade* / Megacle (mit Tesi, Raaf)

13. Juli · Wien · Pasticcio, *Merope* / Epitide (mit Tesi, Raaf)

30. August · Wien · Jommelli, *Achille in Sciro* (mit Tesi, Raaf)

8. Dezember · Wien · Jommelli, *Didone abbandonata*/Enea (mit Tesi, Raaf)

1750 7. Juni · Turin · Galuppi, *La vittoria d'Imeneo* /Imeneo (mit Astrua, Raaf)

Herbst · Lucca · Abos, *Alessandro nell' Indie* /Poro

Winter · Venedig/Grisost. · Perez, *Merope* /Epitide

1751 Karneval · Venedig/Grisost. · Manna, *Didone abbandonata* / Enea

Venedig/Grisost. · Abos, *Arianna e Teseo* /Teseo

Mai · Neapel · Abos, *Tito Manlio*

4. November · Neapel · Traetta, *Farnace*

12. Dezember · Neapel · Cafaro, *Ipermestra*

1752 20. Januar · Neapel · Conti, *Attalo, re di Bitinia*

1. Juni · Neapel · Cocchi, *Sesostri, re d'Egitto*

4. November · Neapel · Gluck, *La clemenza di Tito* /Sesto

18. Dezember · Neapel · Abos, *Lucio vero o Vologeso*

1753 20. Januar · Neapel · Lampugnani, *Didone abbandonata*

Oktober · Versailles

5. Oktober · Paris · Concert spirituel

4. November · Neapel · Galuppi, *Ermelinda ossia Ricimero*

18. Dezember · Neapel · Jommelli, *Ifigenia en Aulide*

1754 20. Januar · Neapel · Galuppi, *Alessandro nell'Indie*

30. Mai · Neapel · Sabatino, *Arsace*

1755 31. März · Lissabon · Perez, *Alessandro nell'Indie* /Poro (mit Gizziello, Raaf)

6. Juni · Lissabon · Manzoni, *La clemenza di Tito* (mit Raaf)

1757 Neapel · Piccinni, *Cajo Mario*

1763 20. Januar · Neapel · Hasse, *Il trionfo di Clelia*

1764 20. Januar · Neapel · Traetta, *Didone abbandonata*

1768 20. Januar · Neapel · Paisiello, *Alceste in Ebuda*

1783 31. Januar · Tod in Neapel

Literatur

Agricola, Johann Friedrich · Anleitung zur Sing-Kunst, Berlin 1757 (Leipzig 1966) s. auch Tosi

Arend, Max · Gluck, Berlin 1921

Arteaga, Esteban (Stefano) · Le rivoluzioni del teatro musicale italiano, Bologna 1783 / Geschichte der italiänischen Oper, deutsch von Johann Nicolaus Forkel, Leipzig 1789 (Heidelberg 1973)

Brenet, Michel · Les Concerts en France sous l'ancien Régime, Paris 1900 (New York 1970)

Brosses, Charles de · Lettres familières sur l'Italie, Paris 1869 / Des Präsidenten De Brosses Vertrauliche Briefe aus Italien an seine Freunde in Dijon, München 1922

Burney, Charles · The Present State of Music in France and Italy, London [2]1773 (New York 1976) / Tagebuch einer musikalischen Reise, Hamburg 1772 (Wilhelmshaven 1980)

Burney, Charles · A General History of Music, London 1776-1789 (New York 1957)

Burney, Charles · Memoirs of the Life and Writings of the Abate Metastasio in which are incorporated Translations of his Principal Letters, London 1796

Casanova, Giacomo · Histoire de ma vie, Leipzig 1907-1909 / Geschichte meines Lebens, deutsch von Heinrich Conrad / Regina Salffner, Leipzig 1983-1988

Casanova, Giacomo · Il duello, 1780 (Mailand 1979) / Das Duell, deutsch von Hartmut Scheible, München 1988

Celetti, Rodolfo · Geschichte des Belcanto, Fiesole 1983 / Kassel 1989

Coxe, William · Memoirs of the Kings of Spain, London [2]1815

Croce, Benedetto · I teatri a Napoli, Bari 1891

Deutsch, Otto Erich · Mozart – Die Dokumente seines Lebens, Kassel 1961

Ditters von Dittersdorf, Karl · Lebensbeschreibung, Leipzig 1801 (Regensburg 1944)

Fanelli, Jean Grundy · A sweat bird of Youth: Caffarelli in Pistoia, Early Music 27 (1999) 55

Fastidio, Don · La casa di Caffarelli, Napoli nobilissima VII / 1898

Fétis, Francois-Joseph · Curiosités historiques de la musique, Paris 1830

Filippis, Felice de / Arnese, Raffaele · Cronache del Teatro di S. Carlo, Napoli 1961-1963

Giovine, Alfredo · Il musico Gaetano Maiorano detto Caffarelli, Bari 1969

Giovine, Alfredo · Musicisti e cantanti di terra di Bari, Bari 1968

Goethe, Johann Wolfgang · Italienische Reise, 1816

Goldoni, Carlo · Mémoirs pour servir à l'histoire de sa vie et a celle de son théâtre, Paris 1787 / Meine Helden sind Menschen, deutsch von Eva Schumann, Frankfurt/M. 1987

Gorani, Joseph · Joseph Goranis, Französischen Bürgers, geheime und kritische Nachrichten von den Höfen, Regierungen und Sitten der wichtigsten Staaten in Italien, Köln 1794

Gozzi, Carlo · Memorie inutili, Venedig 1797 / Nichtsnutzige Erinnerungen, deutsch von R. Daponte, Wien 1928

Haböck, Franz · Die Gesangskunst der Kastraten, Wien 1923

Harris, Marcia · Porpora's Elements of Singing, London 1841

Heriot, Angus · The Castrati in Opera, London 1956 (London 1975)

Hiller, Johann Adam · Anweisung zum musikalisch-zierlichen Gesange, Leipzig 1780 (Leipzig 1976)

Kelly, Michael · Reminiscences, London 1826 (London 1975)

Khevenhüller-Metsch, Johann Josef · Aus der Zeit Maria Theresias, Tagebücher 1742-1776, Wien 1907-1925

Lindgren, Lowell · La cariera di Gaetano Berenstadt, Rivista Italiana di Musicologia XIX (1984) 36-112

Marcello, Benedetto · Il teatro alla moda, Venedig 1720 / Das Theater nach der Mode, deutsch von Alfred Einstein, München 1917

Marpurg, Friedrich Wilhelm · Kritische Briefe über die Tonkunst, Berlin 1760-1764

Marpurg, Friedrich Wilhelm · Legende einiger Musikheiligen, Köln 1786 (Frankfurt/M. 1977)

Metastasio (Pietro Trapassi) · Tutte le opere, Mailand 1947-1954

Montesquieu, Charles de · Voyages, Paris 1894

Mozart, Leopold und Wolfgang Amadeus · Briefe und Aufzeichnungen, Kassel 1962-1975

Ortkemper, Hubert · Engel wider Willen – Die Welt der Kastraten, Berlin 1993 (München 1995)

Pierre, Constant · Histoire du Concert Spirituel 1725-1790, Paris 1975

Prod'homme, Jacques Gabriel · Un chanteur italien à Paris – le voyage de Caffarelli en 1753, Bulletin français de la Société Internationale de Musique, VI/VII, 1911

Quantz, Johann Joachim · Herrn Johann Joachim Quantzens Lebenslauf von ihm selbst entworfen, Potsdam 1754 (in: Marpurg, Historisch-kritische Beyträge zur Aufnahme der Musik, Berlin I/3, 197-250)

Radiciotto, Giuseppe · Giovanni Battista Pergolesi, Zürich 1954

Roselli, John · The Castrati as a Professional Group and a Social Phenomenon, Acta Musicologica LX (1988) 143-179

Rousseau, Jean-Jacques · Brief über die italienische und die französische Oper, 1750 (Erstveröffentlichung in: Jansen, Albert, Jean-Jacques Rousseau als Musiker, Berlin 1884/Genf 1971)
Dictionnaire de Musique, Genf 1767/(deutsch in: Musik und Sprache, herausgegeben von Peter Gülke, Leipzig 1989)

Rousseau, Jean-Jacques · Confessions, Genf 1782/Bekenntnisse, München 1984

Sacchi, Giovenale · Vita del Cavaliere Don Carlo Broschi, Venedig 1784 (in: Vita ed elogi di Accademici Filarmonici di Bologna, Bologna 1970)

Schmidt, Carl Christian · Encyklopädie der gesammten Medizin, Leipzig 1841

Schmitz, Hans Peter · Die Kunst der Verzierung im 18. Jahrhundert, Kassel ²1965

Scultetus, Joannis (Johannes Schulte) · Wund-Artzneyisches Zeug-Hauß, Frankfurt/M. 1666 (Stuttgart 1974)

Tosi, Pier Francesco · Opinioni de'cantori antichi e moderni o sieno osservazioni sopra il canto figurato, Bologna 1723 (s. auch Agricola)

Volkmann, Johann Jakob · Historisch-kritische Nachrichten von Italien, Leipzig ²1777

Wiel, Taddeo · I teatri musicali Veneziani del Settecento, Venedig 1897 (Leipzig 1979)

Register

Personen

Annibali, Domenico (um 1705-1779), Kastrat, 1729-1763 in Dresden, 1736/37 Gastspiel in London 210

Aprile, Giuseppe (1732-1813), Kastrat 236

Astrua, Giovanna (um 1720-1758), italienische Sängerin, von 1747-1758 in Berlin 171f., 194ff., 199

August der Starke ⟨Friedrich August I.⟩ (1670-1733), 1694-1733 Kurfürst von Sachsen, seit 1697 als August II. König von Polen 46, 126f.

Ballot de Sauvot (gest. 1761), Advokat und Schriftsteller, schreibt Ballett-Libretti für Rameau (*Pygmalion* und *Platée* 1748/49) 217f.

Baratti Teresa, Primadonna in Neapel um 1740 151, 168

Belmonte, Prinzessin (Marianna Pignatelli, Schwester des Fürsten von Belmonte, Gemahlin von Johann Wenzel Graf von Althann (gest. 1722), Bruder des österr. Vizekönigs von Neapel 193

Benedikt von Nursia ⟨Norcia⟩ (um 480-543) Stifter des nach ihm benannten Ordens 23

Benedikt XIII. ⟨Pier Francesco Orsini⟩ (1649-1730), Papst seit 1724 73ff.

Benti Bulgarelli, Marianna, (1684-1734) italienische Sängerin, nach ihrem Geburtsort »la Romanina« genannt 32f., 43ff.

Berenstadt, Gaetano (um 1690-?), Kastrat, 1716/17 und 1722/23 in London bei Händel 50ff., 67ff., 71, 82, 168

Bernacchi, Antonio Maria (1685-1756), Kastrat, 1716/17 und 1729 in London, 1727 in Bologna »Wettsingen« mit dem jungen Farinelli, Gesanglehrer in Bologna 111f., 184

Bernardi, Francesco, s. Senesino

Bernini, Giovanni Lorenzo (1598-1680), Architekt und Bildhauer 58

Bordoni, Faustina (1697-1781), Sängerin, seit 1730 verheiratet mit Johann Adolf Hasse 91f., 210, 241

Broschi, Carlo, s. Farinelli

Broschi, Riccardo (1698-1756), Komponist, schrieb für seinen Bruder Carlo B. Opern und Bravourarien 110, 161

Burney, Charles (1726-1814), engl. Musikwissenschaftler, 1770 Studienreise nach Frankreich und Italien 228, 236 f.

Carestini, Giovanni (um 1705-um 1760), Kastrat, 1733-35 und 1739/40 bei Händel in London 210

Carlos, Don, s. Karl IV.

Caroline von Ansbach (1683-1737), verheiratet seit 1705 mit Georg von Hannover (seit 1725 als Georg II. König von England) 140

Casanova, Giacomo (1725-1798), Abenteurer und Schriftsteller 198 f.

Charlotte 〈Anna Charlotte〉 von Lothringen (1714-1773), Schwester Franz I., lebt seit 1745 in Wien 183 f.

Clemens XI. 〈Giovanni Francesco Albani〉 (1649-1721), Papst seit 1700 48

Conti, Gioacchino, s. Gizziello

Congreve, William (1670-1729), engl. Dramatiker und Dichter, populär durch seine Komödien 139

Corradini, Antonio (1668-1752), Bildhauer, tätig in Venedig, Wien, Prag, Dresden 96

Corselli, Francesco (1702-1778), Komponist, seit 1734 in Madrid 162, 164

Coscia, Niccolò (1681-1755), Kardinal, Günstling und Kammerherr Papst Benedikts XIII., wegen Veruntreuung 1733 zu 10 Jahren Kerker verurteilt 74 ff.

Cuzzoni, Francesca (1696-1778), Sängerin, 1722-28 in London bei Händel, danach in Venedig, 1734-1751 wieder in London 87-92, 100, 136, 138

Da Ponte, Lorenzo (1749-1838), Librettist 12

Durante, Francesco (1684-1755), Komponist und Lehrer in Neapel, Direktor des Cons. Sant'Onofrio 208 f.

Elisabeth I. (1533-1603), seit 1558 Königin von England 24

Elisabetta Farnese, Prinzessin von Parma (1692-1766), seit 1714 Gemahlin Philipps V. von Spanien, Mutter von Karl IV. 128, 130, 134, 147 f., 158, 164

Farinelli ⟨Riccardo Broschi⟩ (1705-1782), Kastrat, Schüler Porporas in Neapel, 1734-37 in London, seit 1737 Privatsänger des Königs von Spanien, 1759 von Karl III. aus Spanien ausgewiesen 32 f., 35, 41 f., 46 ff., 53, 70, 109-114, 119, 123, 136 f., 140 f., 144, 150 f., 158-164, 167, 184, 186, 197, 211, 224, 226 f., 231, 242

Feo, Francesco (1691-1761), Komponist, Lehrer an verschiedenen Konservatorien in Neapel (u. a. von Pergolesi und Jommelli) 42 f., 61

Ferdinand VI. (1713-1759), Sohn Philipps V., seit 1746 König von Spanien 224, 226

Ferdinand IV. (1751-1823), Sohn Karls IV., seit 1759 König von Neapel 227, 229, 235 f., 238

Franz Stephan von Lothringen (1708-1765), seit 1736 verheiratet mit Maria Theresia, seit 1745 als Franz I. deutscher Kaiser 175, 184

Friedrich August II. (1696-1763), Sohn Augusts des Starken, seit 1733 Kurfürst von Sachsen, als August III. König von Polen 46, 128, 147, 210

Friedrich II. »der Große« (1712-1786), seit 1740 König von Preußen 172, 194

Galli-Bibiena, Francesco (1659-1739), Theaterarchitekt und Bühnenbildner, Vater von Giovanni Carlo G. 221

Galli-Bibiena, Giovanni Carlo (1717-1760), Theaterarchitekt und Bühnenbildner, Sohn des Francesco G. 221 f.

Galli-Bibiena, Giovanni Maria (1619-1665), Theaterarchitekt und Bühnenbildner, Vater von Francesco G. 221

Galuppi, Baldassare ⟨Buranello⟩ (1706-1785), Komponist von über 100 Opern, in Venedig Zusammenarbeit mit Goldoni 194 f., 201, 220

Garrick, David (1717-1779), engl. Schauspieler und Dramatiker, galt als größter engl. Schauspieler seiner Zeit, machte die Stücke Shakespeares wieder populär 228 f.

Gassmann, Leopold (1729-1774), böhmischer Komponist, seit 1771 Hofkapellmeister in Wien 11

Georg II. (1683-1760) seit 1727 König von England 137

Nero ⟨Claudius Drusus Germanicus⟩ (37-68), seit 54 röm. Kaiser 120

Nicolini ⟨Nicolo Grimaldi⟩ (1673-1732), Kastrat, 1708-1712 in London, 1712-1715 in Neapel, danach wieder bis 1717 in London 42 ff.

Paisiello, Giovanni (1740-1816), Komponist, Schüler Durantes am Cons. Sant'Onofrio 230

Palladio, Andrea (1508-1580), italienischer Architekt 119

Perez, Davide (1711-1778), Komponist aus Neapel, Hofkapellmeister in Lissabon 222

Pergolesi, Giovanni Battista (1710-1736), Komponist 9, 129-134, 215

Philipp IV. (1605-1665), seit 1621 König von Spanien 18

Philipp V. (1683-1746), Enkel Ludwigs XIV. von Frankreich, seit 1701 (1713) König von Spanien 19 f., 128, 138, 148, 158 f., 167, 197

Poisson, Jeanne Antoinette (1721-1764), Mätresse Ludwigs XV., von ihm zur Marquise de Pompadour ernannt 212, 215

Porpora, Nicola (1686-1768), Komponist und Gesanglehrer 32-47, 62-72, 78, 85, 112 f., 122 f., 125, 136 f., 150-153, 183, 227 f.

Pouplinière, s. Le Riche de la P.

Prata Graf, Direktor der Mailänder Oper um 1730 104 ff.

Predieri, Luca Antonio (1688-1767), Komponist, lebt seit 1737 in Wien 77

Raaf, Anton (1714-1797), deutscher Tenor, Schüler des Kastraten Bernacchi 177 f., 184, 189, 194 f., 199, 222

Rameau, Jean-Philippe (1683-1764), Komponist, seit 1745 Hofkomponist Ludwigs XV. 217

Reginelli, Nicola (1710-1751), Kastrat 154-157

Rossini, Gioacchino (1792-1868), Komponist 12

Rousseau, Jean-Jacques (1712-1778), schweiz. Komponist und Philosoph 215 f.

Sachsen-Hildburghausen, Joseph Friedrich Prinz von (1702-1787), österr. Generalfeldmarschall 209, 235, 242

Kunst und Musik
im insel taschenbuch

Kunst und Musik
im insel taschenbuch

157/2/12.96

Kunst und Musik
im insel taschenbuch

157/3/12.96

Kunst und Musik
im insel taschenbuch

Literatur und Reisen
im insel taschenbuch

158/1/12.96

Literatur und Reisen
im insel taschenbuch

Literatur und Reisen
im insel taschenbuch

158/4/12.96

Kulturgeschichte
im insel taschenbuch

166/1/12.96